学習意欲が育ち、5教科に自信がつく

こども
知識力(ちしきりょく)1200

小学3年生から始める!

齋藤 孝

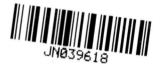

KADOKAWA

はじめに

この本のテーマは「知識力」。学校で勉強したことが、きちんと身についているかを確認するための本だよ。

大切なのは、5教科全部を好き嫌いなく勉強すること。これは食事と同じ。好き嫌いなく何でも食べることで栄養がいきわたるように、教科を好き嫌いなく勉強することで、「知識力」がいきわたるんだよ。

もし、この中に嫌いな教科や苦手な教科があるなら、今のうちに克服しておこう。小学校で習う基本的なことをクリアできていたら、この先中学校や高校に行っても大丈夫だからね。

この本は、どの教科から始めてもいいし、どの項目から始めてもいい。得意なものからやって自信をつけるのもいいし、苦手なものを先にがんばるのもいいね。

問題の多くは、左と右を線でつなぐようになっているんだ。それは、サクサク進めてもらいたいから。あまり考え込まずに、パッパッと線で結んで、どんどんページをめくっていってほしい。

5秒考えてもわからないものがあったら、下にある答えを見よう!

「答えを見るなんて、勉強にならないよ」と思うかもしれないけど、点数を出すのが目的ではなく、正しい知識を身につけるのがこの本の目的なんだ。だから、わからないときは答えを見て理解して、その場で正しい知識を身につければいいんだよ。

答えを見て解いた問題は、しばらくしてからもう一度やってみよう。そのときに迷わず答えが出せたら、キミには「正しい知識」が身についたことになるね。

そうやっていくと、苦手な教科や問題もサクサク進むよね。サクサク進めば「苦手だった教科も、あっという間に終わった！」「苦手だと思ってたけど、意外にできた！」となる。ここまできたら、苦手も克服！　5教科全部をやりとげることができるよ。

一冊全部をやりきると、知識力がつくだけでなく、自信にもなる。そして全部が得意教科になったら、最強だね！

齋藤 孝

この本の使い方と特長

まずはココを読もう！

①から⑤は、ぜひ覚えたい言葉。例文や解説を読んで、どんなふうにその言葉を使うのか、または言葉の意味を知ろう。そうすれば、自分でも使いこなせるよ！

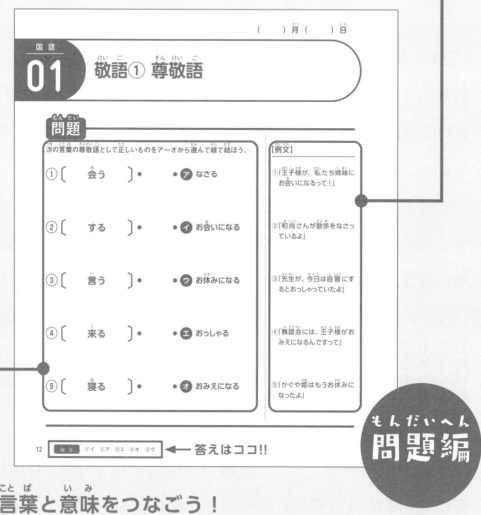

（　　）月（　　）日

国語

01 敬語① 尊敬語

問題

次の言葉の尊敬語として正しいものをア～オから選んで線で結ぼう。

①［ 会う ］・　　・ア なさる

②［ する ］・　　・イ お会いになる

③［ 言う ］・　　・ウ お休みになる

④［ 来る ］・　　・エ おっしゃる

⑤［ 寝る ］・　　・オ おみえになる

【例文】

①「王子様が、私たち姉妹にお会いになるって！」

②「和尚さんが散歩をなさっているよ」

③「先生が、今日は自習にするとおっしゃっていたよ」

④「舞踏会には、王子様がおみえになるんですって」

⑤「かぐや姫はもうお休みになったよ」

12　解答 ①イ ②ア ③エ ④オ ⑤ウ ←答えはココ!!

もんだいへん
問題編

言葉と意味をつなごう！

①から⑤の言葉と、アからオの意味を、線でつないでみよう。もし、わからなかったら……ページの一番下に書いてある答えを見よう！「答えを見てはいけない」なんて思わなくていいんだ！　ここで大切なのは、問題を解くことよりも、正しい意味を知ること。わからないことは、この本でしっかり覚えてできるようになればいいんだよ。

イラストで言葉のイメージをつかもう！

15個の言葉のうちの一つをテーマにしたイラストだよ。
絵を見て、言葉の意味をイメージしてみよう。それができたら、もう覚えたも同然だ！

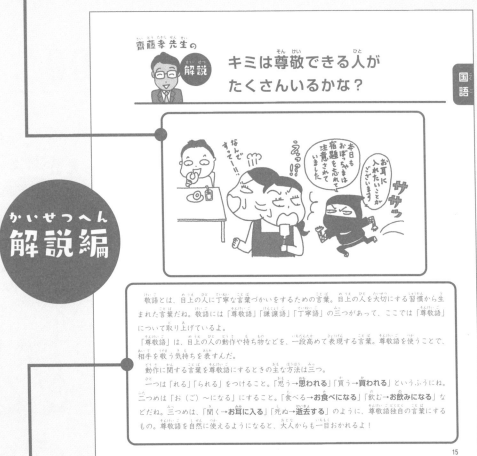

齋藤孝先生の解説

キミは尊敬できる人がたくさんいるかな？

国語

敬語とは、目上の人に丁寧な言葉づかいをするための言葉。目上の人を大切にする習慣から生まれた言葉だね。敬語には「尊敬語」「謙譲語」「丁寧語」の三つがあって、ここでは「尊敬語」について取り上げているよ。

「尊敬語」は、目上の人の動作や持ち物などを、一段高めて表現する言葉。尊敬語を使うことで、相手を敬う気持ちを表すんだ。

動作に関する言葉を尊敬語にするときの主な方法は三つ。

一つは「れる」「られる」をつけること。「思う→**思われる**」「買う→**買われる**」というふうにね。二つめは「お（ご）～になる」にすること。「食べる→**お食べになる**」「飲む→**お飲みになる**」などだね。三つめは、「聞く→**お耳に入る**」「死ぬ→**逝去する**」のように、尊敬語独自の言葉にするもの。尊敬語を自然に使えるようになると、大人からも一目おかれるよ！

15

かいせつへん
解説編

関連する言葉も一緒に覚えよう！

解説では、似た意味を持つ言葉、対になる言葉、関連する言葉などを挙げているよ。ここで新しく出てきた言葉は太字になっているので、意識して読もう。問題として出てきた言葉とあわせて覚えたら、どんどん知識が増えていくね！
また、言葉を軸に、学校生活や家庭生活を送る上で知っておいてほしいメッセージも伝えているよ。しっかり心にとめておいてほしい！

目次

\学習意欲が育ち、5教科に自信がつく/

小学3年生から始める！

こども知識力1200

1章 国語

2章 算数

3 章 理科

4章 社会

5章 英語

1章（しょう）

国語（こくご）

(　　)月(　　)日

国語

01 敬語① 尊敬語（相手を上げる）

問題

次の言葉の尊敬語として正しいものをア～オから選んで線で結ぼう。

① 〔 会う 〕・　　・ア なさる

② 〔 する 〕・　　・イ お会いになる

③ 〔 言う 〕・　　・ウ お休みになる

④ 〔 来る 〕・　　・エ おっしゃる

⑤ 〔 寝る 〕・　　・オ おみえになる

【例文】

①「王子様が、私たち姉妹にお会いになるって！」

②「和尚さんが散歩をなさっているよ」

③「先生が、今日は自習にするとおっしゃっていたよ」

④「舞踏会には、王子様がおみえになるんですって」

⑤「かぐや姫はもうお休みになったよ」

解答　①イ　②ア　③エ　④オ　⑤ウ

⑥〔 見る 〕	ア お耳に入る	⑥「先生がご覧になるとおっしゃっていたわ」
⑦〔 思う 〕	イ 召し上がる	⑦「和尚さんは悲しくお思いになっただろうなあ」
⑧〔 買う 〕	ウ お思いになる	⑧「白雪姫がこのドレスをお買いになったよ」
⑨〔 飲む・食べる 〕	エ ご覧になる	⑨「三蔵法師様は、ずいぶん召し上がったんだろう」
⑩〔 聞く 〕	オ お買いになる	⑩「かぐや姫様が月に帰ること、お耳に入りましたか?」

(【例文】)

解答 ⑥エ ⑦ウ ⑧オ ⑨イ ⑩ア

⑪［　着る　］	ア　ご存じだ	⑪「姫がお召しになると、とってもお似合いですよ」
⑫［　行く　］	イ　お召しになる	⑫「王子様がおいでになるのは、何時くらいかしら?」
⑬［　くれる　］	ウ　お亡くなりになる	⑬「三蔵法師様がほうびをくださったよ！」
⑭［　死ぬ　］	エ　くださる	⑭「白雪姫がお亡くなりになったというのは本当?」
⑮［　知っている　］	オ　おいでになる	⑮「その情報はいつからご存じなのですか?」

The third column is headed 【例文】.

解答　⑪イ　⑫オ　⑬エ　⑭ウ　⑮ア

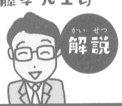

齋藤孝先生の解説

キミは尊敬できる人がたくさんいるかな？

敬語とは、目上の人に丁寧な言葉づかいをするための言葉。目上の人を大切にする習慣から生まれた言葉だね。敬語には「尊敬語」「謙譲語」「丁寧語」の三つがあって、ここでは「尊敬語」について取り上げているよ。

「尊敬語」は、目上の人の動作や持ち物などを、一段高めて表現する言葉。尊敬語を使うことで、相手を敬う気持ちを表すんだ。

動作に関する言葉を尊敬語にするときの主な方法は三つ。

一つは「れる」「られる」をつけること。「思う→**思われる**」「買う→**買われる**」というふうにね。二つめは「お（ご）～になる」にすること。「食べる→**お食べになる**」「飲む→**お飲みになる**」などだね。三つめは、「聞く→**お耳に入る**」「死ぬ→**逝去する**」のように、尊敬語独自の言葉にするもの。尊敬語を自然に使えるようになると、大人からも一目おかれるよ！

（　　）月（　　）日

国語

02 敬語② 謙譲語（自分を低くして相手を上げる）

問題

次の言葉の謙譲語として正しいものをア〜オから選んで線で結ぼう。

①〔 会う 〕・　　・ア おる

②〔 与える 〕・　　・イ さし上げる

③〔 言う 〕・　　・ウ お目にかかる

④〔 行く 〕・　　・エ 申し上げる

⑤〔 いる 〕・　　・オ うかがう

【例文】

①「かぐや姫にお目にかかれて、光栄です！」

②「正直なあなたには、この金の斧をさし上げよう」

③「学級会で決まったことを申し上げます」

④「放課後、職員室にうかがってもよろしいでしょうか?」

⑤「明日は家におりますので、おいでください」

解答 ①ウ ②イ ③エ ④オ ⑤ア

⑥〔 受けとる 〕● ● ア いただく

⑦〔 食べる、飲む 〕● ● イ 拝受する

⑧〔 帰る 〕● ● ウ 拝借する

⑨〔 借りる 〕● ● エ 拝察する

⑩〔 考える 〕● ● オ おいとまする

【例文】

⑥「ありがたく、お手紙を拝受いたしました」

⑦「まあ、おいしそうなリンゴ、いただくわ」

⑧「もう、お城をおいとましなければなりません」

⑨「ちょっと、お知恵を拝借」

⑩「私が拝察するに、白雪姫は毒を飲まされたのでしょう」

解答 ⑥イ ⑦ア ⑧オ ⑨ウ ⑩エ

⑪〔 聞く 〕●	● ア いたす	
⑫〔 来る 〕●	● イ 拝聴する	
⑬〔 知らせる 〕●	● ウ 参る	
⑭〔 知る 〕●	● エ お知らせする	
⑮〔 する 〕●	● オ 存じ上げる	

【例文】

⑪「ぜひ、王子様のご意見を拝聴したいです」

⑫「また明日、シンデレラ様に会いに参ります」

⑬「雨が降りそうだ、と和尚さんにお知らせしなきゃ！」

⑭「どなたか存じ上げませんが、リンゴをくださり、ありがとうございます」

⑮「では、私が和尚さんの代わりをいたしましょう」

解答 ⑪イ ⑫ウ ⑬エ ⑭オ ⑮ア

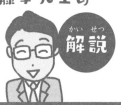

齋藤孝先生の解説

自分のことを低く言って相手を立てる、という面白さを感じてほしい

「謙譲語」は、目上の人に対して、自分のことを一段低く表現する言葉。だから、謙譲語は自分の動作や持ち物に使うんだ。謙譲語で自分が低くなると相手が一段上がるから、結果的には相手を高めるための表現になるんだよ。

動作に関する言葉を謙譲語にするときの主な方法も三つ。

一つは「〜（させ）ていただく」にすること。「聞く→**聞かせていただく**」「言う→**言わせていただく**」という言葉だね。二つめは「お（ご）〜する（いたす）」にすること。三つめは「聞く→**拝聴する**」「話す→**申し上げる**」のように、謙譲語独自の言葉にすること。

「もらう」は「**拝受する**」とも言って、「拝」という字は謙譲語によく出てくるよね。「拝」は「おがむ」とも読むから、相手を敬って自分が一段低くなることに通じるんだ。

「丁寧語」は物事を丁寧に伝える言葉。文の最後に「です」「ます」などをつけることだよ。

（　　）月（　　）日

国語

03 文学史

問題

次の作品の作者として正しいものをア〜オから選んで線で結ぼう。

①『坊っちゃん』		ア 太宰治
②『高瀬舟』		イ 田山花袋
③『走れメロス』		ウ 夏目漱石
④『伊豆の踊子』		エ 川端康成
⑤『蒲団』		オ 森鷗外

【解説】

①愛媛県松山を舞台に「坊っちゃん」が大暴れ！

②安楽死がテーマの短編。鷗外は軍医だったからね。

③友だちの命を助けるため、ひっしに走るメロス！

④青年が、旅先で出会った踊り子に恋心を抱く物語。

⑤ベテラン小説家と弟子の少女の物語。花袋の実話!?

解答　①ウ　②オ　③ア　④エ　⑤イ

⑥〔 『鼻』 〕・　・ア 樋口一葉

⑦〔 『たけくらべ』 〕・　・イ 福沢諭吉

⑧〔 『学問のすすめ』 〕・　・ウ 坂口安吾

⑨〔 『みだれ髪』 〕・　・エ 芥川龍之介

⑩〔 『桜の森の満開の下』 〕・　・オ 与謝野晶子

【解説】

⑥長〜い鼻に悩むお坊さんが、鼻を短くしようと奮闘！

⑦思春期を迎えた美登利と信如の、恋と成長の物語。

⑧「天は人の上に人を造らず」の書き出しが有名。

⑨はげしい恋愛を短歌にした、与謝野晶子の初の歌集。

⑩満開の桜の下で繰り広げられる、美しくも残酷な物語。

解答 ⑥エ ⑦ア ⑧イ ⑨オ ⑩ウ

⑪『注文の多い料理店』 ● ● ア 宮沢賢治

⑫『金閣寺』 ● ● イ 谷崎潤一郎

⑬『春琴抄』 ● ● ウ 大江健三郎

⑭『個人的な体験』 ● ● エ 村上春樹

⑮『ノルウェイの森』 ● ● オ 三島由紀夫

【解説】

⑪森の中のレストラン「山猫軒」は、普通じゃなかった……!?

⑫金閣寺が放火された実際の事件をもとにしているよ。

⑬盲目の三味線奏者・春琴に尽くす佐助は、自分も……!?

⑭主人公が、障がいのある子どもを受け入れるまでを描く。

⑮大ベストセラーの恋愛小説。世界中で翻訳されているよ。

解答 ⑪ア ⑫オ ⑬イ ⑭ウ ⑮エ

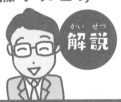

齋藤孝先生の解説

国民作家、夏目漱石の作品をいくつ知っているかな？

ここでは、明治以降の文学作品と作者について取り上げたよ。「国民作家」と呼ばれるほど、明治の日本や日本人について書いた漱石には、他に、地方から上京して東京の大学生活を送る主人公を描いた『**三四郎**』、頭でっかちの“フリーター”が主人公の『**それから**』、尊敬する「先生」が友人との三角関係を告白する『**こころ**』などがあるよ。

短編小説の名手・芥川龍之介には、『**蜘蛛の糸**』『**トロッコ**』『**河童**』などがあり、小学生にも読める物語だよ。

宮沢賢治は童話をたくさん書いた人で、『**よだかの星**』『**やまなし**』『**セロ弾きのゴーシュ**』などがおすすめ。賢治の自然や人間に対する愛が感じられる作品だよ。

村上春樹は今も現役で活動している作家だね。『**羊をめぐる冒険**』『**ねじまき鳥クロニクル**』などの長編小説や、『**パン屋襲撃**』『**納屋を焼く**』などの短編小説もあるよ。

（　　）月（　　）日

国語

04 名作冒頭

問題

次の文に続く言葉として正しいものをア〜オから選んで線で結ぼう。

①［吾輩は］	ア 暮方の事である
②［国境の長いトンネルを抜けると］	イ 雪国であった
③［祇園精舎の鐘の声］	ウ 早や積み果てつ
④［石炭をば］	エ 諸行無常の響きあり
⑤［ある日の］	オ 猫である

【解説】

①夏目漱石『吾輩は猫である』。猫の目線で語られるよ。

②川端康成『雪国』。「夜の底が白くなった」と続くよ。「国境」は「こっきょう」とも読むよ。

③『平家物語』。琵琶法師によって語りつがれてきたよ。

④森鷗外『舞姫』。鷗外自身が主人公のモデルと言われているよ。

⑤芥川龍之介『羅生門』。何が善で、何が悪なのか……。

解答　①オ　②イ　③エ　④ウ　⑤ア

⑥〔木曽路はすべて〕・　・ア　どどうど　どどう

⑦〔申し上げます〕・　・イ　山の中である

⑧〔春は〕・　・ウ　申し上げます。旦那さま

⑨〔今は昔〕・　・エ　竹取の翁という者ありけり

⑩〔どっどど　どどうど〕・　・オ　あけぼの

【解説】

⑥島崎藤村『夜明け前』。明治維新前後の混乱を描く。

⑦太宰治『駈込み訴え』。キリストを恨むユダの本音は……？

⑧清少納言『枕草子』。随筆のはしりで、今で言うブログ！

⑨『竹取物語』。日本最古の物語文学で、昔話の「かぐや姫」。

⑩宮沢賢治『風の又三郎』。不思議な転校生は、風の神の子……？

解答　⑥イ　⑦ウ　⑧オ　⑨エ　⑩ア

⑪〔天は人の上に〕・　・ア なるままに

⑫〔山路を登りながら〕・　・イ こう考えた

⑬〔いずれの〕・　・ウ 人を造らず

⑭〔つれづれ〕・　・エ 激怒した

⑮〔メロスは〕・　・オ 御時にか

【解説】

⑪福沢諭吉『学問のすすめ』。学ぶ意味を教えてくれるよ。

⑫夏目漱石『草枕』。人間関係に悩む画家が、温泉地に行くんだ。

⑬紫式部『源氏物語』。貴族の生活や恋愛を描き、世界でも有名。

⑭兼好法師『徒然草』。鎌倉時代に書かれた随筆だよ。

⑮太宰治『走れメロス』。人を信じる大切さを描いているよ。

解答　⑪ウ　⑫イ　⑬オ　⑭ア　⑮エ

齋藤孝先生の

名作の冒頭がすらすらと言えたらカッコいい！

有名な文学作品には、冒頭の一文が魅力的なものが多くあるよ。「春は」と言ったら「あけぼの」で、タイトルは『枕草子』と答えられるようにしたいね。

では、ここでもいくつか紹介してみよう。

①「親譲りの無鉄砲で小供の時から損ばかりしている。」→夏目漱石『**坊っちゃん**』

②「私はその人を常に先生と呼んでいた。」→夏目漱石『**こころ**』

③「高瀬舟は京都の高瀬川を上下する小舟である。」→森鷗外『**高瀬舟**』

④「廻れば大門の見返り柳いと長けれど」→樋口一葉『**たけくらべ**』

⑤「けふのうちに　とほくへいつてしまふわたくしのいもうとよ」→宮沢賢治『**永訣の朝**』

一文をまるまる覚えられなくても、「無鉄砲」「先生と呼んでいた」「高瀬舟」「大門の見返り柳」といったキーワードだけでも覚えておくと、すぐに何の作品かがわかるよ。

(　　)月(　　)日

国語

05 カタカナ語

問題

次の言葉の説明として正しいものをア～オから選んで線で結ぼう。

①〔アイコンタクト〕	ア 双方向に作用すること	①「試合中、アイコンタクトしたら僕にパスを回して！」
②〔アイデンティティー〕	イ 証拠、根拠	②「このファッションは、私のアイデンティティーなの」
③〔インタラクティブ〕	ウ 情報などを入力すること	③「インタラクティブなゲームは楽しいね！」
④〔インプット〕	エ 自分であることの存在証明	④「新聞や本を読んでインプットを増やそう！」
⑤〔エビデンス〕	オ 目で合図して意思を確認すること	⑤「この薬はエビデンスがあるから安心だね」

【例文】

解答 ①オ ②エ ③ア ④ウ ⑤イ

		【例文】
⑥〔オリジナリティー〕	ア 関係をもつこと、約束すること	⑥「この作品には、君のオリジナリティーが表現されているね」
⑦〔カジュアル〕	イ 独自の考え、独創性	⑦「今日は遠足だから、先生もカジュアルな服装ね」
⑧〔コミット〕	ウ 同情すること、共感すること	⑧「合唱コンクールで優勝することにコミットしよう！」
⑨〔コンプレックス〕	エ 気軽なようす	⑨「コンプレックスは誰にでもあるから気にしないで！」
⑩〔シンパシー〕	オ 複合感情、他人よりもおとっていると思うこと	⑩「寂しそうな犬……シンパシーを感じちゃうな」

解答 ⑥イ ⑦エ ⑧ア ⑨オ ⑩ウ

		【例文】
⑪〔 スマート 〕	ア 気持ちがこまやかで繊細なこと	⑪「英語の先生は、海外生活が長いからしぐさがスマートね」
⑫〔ダイバーシティー〕	イ 激しく非難すること、きつくたたくこと	⑫「ダイバーシティーを理解して、いろいろな人と仲良くしたいね」
⑬〔 デリカシー 〕	ウ 洗練されていること	⑬「ここでおならをするなんて、デリカシーがないわね！」
⑭〔 ノルマ 〕	エ 多様性	⑭「毎日問題集5ページがノルマかぁ……がんばるぞ！」
⑮〔 バッシング 〕	オ 割り当てられたやるべき仕事の量	⑮「バッシングされるのは、誰だってツラいものだよ」

解答 ⑪ウ ⑫エ ⑬ア ⑭オ ⑮イ

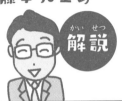

齋藤孝先生の

解説

カタカナ語をたくさん覚えて語彙力を磨こう！

これからの時代、カタカナ語を使う機会はどんどん増えていくよ。カタカナ語は、正しい意味と使い方を知っておかないとカッコ悪いから、例文をしっかり身につけよう！

新聞やニュースなどでよく出てくるカタカナ語は、他にもあるよね。たとえば**「ジェンダー」**は社会的な男らしさ・女らしさのこと、**「トレンド」**は流行、**「バリアフリー」**は体の不自由な人の日常生活の妨げになるバリア（障壁）を除くことだね。

また、長い言葉を省略して使うこともあるよ。**「コストパフォーマンス」**を**「コスパ」**、**「オリエンテーション」**を**「オリエン」**、**「ブレーンストーミング」**を**「ブレスト」**と言ったりするのは、聞いたことがあるかな？　省略するということは、社会でよく使われて浸透してきたということだね。カタカナ語でも言えるし日本語でも言えるというふうに“二刀流”ができれば、表現の幅がぐんと広がるよ。

(　　)月(　　)日

国語 06

ことわざ

問題

次のことわざの説明として正しいものをア～オから選んで線を結ぼう。

① 言わぬが花

② 馬の耳に念仏

③ えびで鯛を釣る

④ 木を見て森を見ず

⑤ 苦あれば楽あり

ア どれだけ言っても効き目がないこと

イ 小さいことに気を取られて全体が見えない

ウ 苦しいことの後には楽しいことがある

エ わずかな努力で大きな利益を得る

オ あえてはっきり言わないほうが値打ちがある

【解説】

①「花」は価値があるもののたとえだよ。

②「馬耳東風」も同じ意味だね。

③「濡れ手で粟」も似た意味。「鯛」は価値の高い魚の代表格だよ。

④英語でも同じような表現のことわざがあるよ。

⑤「楽あれば苦あり」ともいうよ。

解答 ①オ ②ア ③エ ④イ ⑤ウ

【解説】

⑥〔 腐っても鯛 〕•

• ア 似たり寄ったりなこと

⑥人に対して使うのは、やめた方がいいね。

⑦〔 五十歩百歩 〕•

• イ 上手な人でも失敗することはある

⑦五十歩だろうが百歩だろうが、逃げたのは同じという意味。

⑧〔 猿も木から落ちる 〕•

• ウ 本当にいいものは、ダメになっても価値がある

⑧「弘法にも筆のあやまり」「河童の川流れ」も同じ意味。

⑨〔 朱に交われば赤くなる 〕•

• エ 突然起こる事件

⑨悪くなることの意味に使われることが多いね。

⑩〔 青天の霹靂 〕•

• オ 付き合う人や環境によって良くも悪くもなる

⑩「霹靂」は雷のこと。青く晴れた空に突然雷が鳴りひびくことから。

解答 ⑥ウ ⑦ア ⑧イ ⑨オ ⑩エ

		【解説】
⑪ たで食う虫も好き好き	ア 物事は繰り返すものだということ	⑪「たで」とは、辛い植物。それを好きな虫もいるんだね。
⑫ 七転び八起き	イ うわさは、しばらくすると忘れられる	⑫「七転八起」ともいう。あきらめないことが肝心だね！
⑬ 二度あることは三度ある	ウ 美しいものより、役に立つものを選ぶこと	⑬悪いことがまた起こらないように注意するために使うことが多いよ。
⑭ 花より団子	エ 人の好き嫌いは様々	⑭風流を理解しないという意味にも使うよ。
⑮ 人のうわさも七十五日	オ 何度失敗しても立ち上がること	⑮良いうわさも悪いうわさも、忘れてしまうんだね。

解答 ⑪エ ⑫オ ⑬ア ⑭ウ ⑮イ

齋藤孝先生の

ことわざの意味は正しく理解しよう！

そろそろ足がしびれてきた…
ウッキー
石の上にも三年
さるやま

ことわざには、生活の知恵や人生の教訓が詰まっているんだ。これは、長い間日本語の中で受け継がれてきたものなんだよ。だから、ことわざを知ることは、キミのご先祖さまたちの教えを受け取ることでもあるんだ。

中には間違えやすいものもあるから注意しよう。**「枯れ木も山のにぎわい」**は、つまらないものでもないよりはマシという意味で、自分をけんそんするときに使うよ。だから人に対して使うと失礼になるね。**「情けは人のためならず」**は、情けは人のためにならないという意味ではなく、人に情けをかけるといずれは自分に返ってくるという意味だよ。

キミが日常で使うとしたら、コツコツと努力するときは**「石の上にも三年」**、寝坊しがちなら**「早起きは三文の徳（得）」**、次々と困ったことが起きたときは**「泣きっ面に蜂」**、用心するときは**「転ばぬ先の杖」**などを覚えておくといいね。

(　　)月(　　)日

国語

07 故事成語

問題

次の故事成語の説明として正しいものをア〜オから選んで線で結ぼう。

①［雨だれ石を穿つ］	ア 最後の大事な仕上げ
②［石に漱ぎ流れに枕す］	イ 小さい力でも根気よく続ければ成功する
③［温故知新］	ウ 成功のために苦労に耐えること
④［臥薪嘗胆］	エ 負け惜しみが強いこと
⑤［画竜点睛］	オ 古いことを学び、そこから新しいことを知る

【解説】

①コツコツと努力する大切さを言っているんだよ。

②夏目漱石はこの言葉から「漱石」とつけたよ。石で口をすすぐのはヘンだよね。

③新しいことばかり知っていても不十分ということだね。

④かたきを討つために自分で自分を励ます意味でも使われるよ。

⑤竜の眼（睛）を最後に描くことから。「画竜点睛を欠く」は最後の仕上げができていないという意味。

解答　①イ　②エ　③オ　④ウ　⑤ア

		【解説】
⑥ 木に縁りて魚を求む	ア 価値のあるものとないものが混じり合っていること	⑥木に登って魚を探してもダメという意味だよ。
⑦ 玉石混交	イ 他人の行動を自分のために役立てる	⑦「玉」は宝石のこと。宝石とただの石が混ざっているという意味だね。
⑧ 鶏口となるも牛後となるなかれ	ウ 危険なことに挑戦しなければ結果は得られない	⑧「鶏口牛後」と四字熟語でも使うね。
⑨ 虎穴に入らずんば虎子を得ず	エ 方法が間違っていては達成できない	⑨虎の穴に入る勇気がないと、虎の子を捕まえることはできないからね。
⑩ 他山の石	オ 大きい団体の後ろにつくよりも、小さい団体のトップに立て	⑩間違いや失敗を教訓にするという意味で、お手本にすることではないよ。

解答 ⑥エ ⑦ア ⑧オ ⑨ウ ⑩イ

⑪ 虎の威を借る狐	ア 一度してしまったことは元に戻らない	⑪「他人のふんどしで相撲を取る」も同じ意味だよ。
⑫ 覆水盆に返らず	イ 権力者の力を利用していばること	⑫「覆水」は、こぼれてしまった水のことだよ。
⑬ 矛盾	ウ つじつまがあわないこと	⑬何でも突き通す「矛」と、どんなものも通さない「盾」を売る話が元だよ。
⑭ 羊頭狗肉	エ 災難を逆に利用して、幸せになること	⑭看板に羊の頭の絵を描いて、実際には犬の肉を売ることからきているよ。
⑮ 禍を転じて福と為す	オ 見かけだけが立派で、中身がともなっていない	⑮災難にあったからといって、ショックを受けなくてもいいということだね。

【解説】は右欄。

解答 ⑪イ ⑫ア ⑬ウ ⑭オ ⑮エ

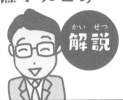

齋藤孝先生の解説 故事成語には人生の教えが詰まっている！

故事成語とは、中国で古くから言い伝えられていることが元になっている言葉のことだよ。ここにも、人生の教えがたくさん詰まっているよ。

「蛍雪の功」は、苦労して学んだことがむくわれることで、試験でいい点数を取ったときや受験に合格したときに使う言葉だよ。**「呉越同舟」**は、仲の悪いもの同士が協力することで、友だちとケンカしたときに「呉越同舟」となれば仲直りできるかもね。**「大器晩成」**は、大物は若いうちには芽を出さず、年を取ってから立派になるということ。もし、今の自分に自信をなくしたときには、「大器晩成だから大丈夫！」とつぶやいてみよう。**「明鏡止水」**は落ち着いた心持ちでいること。緊張する発表会や試験の前には「明鏡止水」の言葉を思い出そう。故事成語は四字熟語も多くあるから、書き初めの言葉として使ってもいいかもしれないね。キミの好きな故事成語は何かな？

（　　）月（　　）日

国語 08

詩のフレーズ

問題

次の言葉に続くものとして正しいものをア〜オから選んで線で結ぼう。

①〔雨ニモマケズ〕・　・ア お空はちっとも飛べないが

②〔君死にたまふ〕・　・イ 風ニモマケズ

③〔わたしの〕・　・ウ ことなかれ

④〔こころよ〕・　・エ まちがいだった

⑤〔私が両手を広げても〕・　・オ では いっておいで

【解説】

①『雨ニモマケズ』宮沢賢治。どう生きたいかを書き残した文章だよ。

②『君死にたまふことなかれ』与謝野晶子。戦争に行く弟のことをうたったよ。

③『草にすわる』八木重吉。草にすわると、心が落ち着いて素直になれるね。

④『こころよ』八木重吉。こころを自由に解き放つ詩だよ。

⑤『わたしと小鳥とすずと』金子みすゞ。「みんなちがってみんないい」が有名だね。

解答　①イ　②ウ　③エ　④オ　⑤ア

⑥	〔幾時代かが ありまして〕	ア	悲しみに
⑦	〔汚れつちまつた〕	イ	前髪の
⑧	〔国破れて〕	ウ	茶色い戦争 ありました
⑨	〔春眠〕	エ	暁を覚えず
⑩	〔まだあげ初めし〕	オ	山河あり

【解説】

⑥『サーカス』中原中也。「ゆあーん　ゆよーん」という言葉が出てくるよ。

⑦『汚れつちまつた悲しみに』中原中也。とてつもないつらさが感じられるね。

⑧『春望』杜甫。戦で負けたけど、変わらずにある自然に感激したんだね。

⑨『春暁』孟浩然。のどかな春の夜明けをうたっているよ。

⑩『初恋』島崎藤村。恋する喜びを素直にうたった詩だよ。

解答　⑥ウ　⑦ア　⑧オ　⑨エ　⑩イ

⑪〔 光る地面に 〕	ア ピリカ　チカッポ	⑪『竹』萩原朔太郎。青々と生える竹と、地下の繊細な根が対比されているよ。
⑫〔 僕の前に道は ない 〕	イ 竹が生え	⑫『道程』高村光太郎。新たな道を切り拓く決意がみなぎる詩だよ。
⑬〔 ピリカ チカッポ 〕	ウ 僕の後ろに道は できる	⑬『銀のしずく』知里幸惠。神々が主人公として語られる「アイヌ神謡」だよ。
⑭〔智恵子は東京に〕	エ 遠きにありて 思ふもの	⑭『あどけない話』高村光太郎。病気の妻・智恵子はふるさとの空が好きだったんだ。
⑮〔 ふるさとは 〕	オ 空が無いといふ	⑮『小景異情』室生犀星。ふるさとは、帰るものというより悲しくうたうものという思いだよ。

【解説】は右欄。

解答　⑪イ　⑫ウ　⑬ア　⑭オ　⑮エ

齋藤孝先生の

美しい日本語のフレーズに触れてみよう！

詩は学校の授業以外ではなかなかふれる機会がないかもしれないけれど、心に響く作品はたくさんあるよ。ドイツの詩人カール・ブッセの詩を上田敏が日本語に訳した『**山のあなた**』は、「山のあなたの空遠く　『幸』住むと人のいふ」で始まるもので、山の向こうにある幸せを信じて生きようという詩だよ。フランスの詩人ジャン・コクトーの詩を堀口大學が訳した『**耳**』という詩は、「私の耳は貝のから　海の響きをなつかしむ」という有名なフレーズ。海辺で耳に手を当てて、この詩を思い出してみよう。

若くして亡くなった女性詩人・金子みすゞには、『**わたしと小鳥とすずと**』や『**大漁**』など、命ある者に寄せるやさしい気持ちを詩にしたものがあるよ。ぜひ読んでみてほしい。

童謡にもなっているまど・みちおの『**ぞうさん**』は、鼻が長くてみんなと違っていても、そのことに誇りを持つことの幸せを表現しているんだ。ぜひ読み返してみてね。

（　　）月（　　）日

国語

09 俳句

問題

次の俳句の作者として正しいものをア～オから選んで線で結ぼう。

① 咳をしても 一人

② むまさうな 雪がふうはり ふはりかな

③ 柿くへば 鐘が鳴るなり 法隆寺

④ 朝顔に 釣瓶とられて もらひ水

⑤ 春の海 終日のたり のたりかな

ア 加賀千代女

イ 尾崎放哉

ウ 与謝蕪村

エ 小林一茶

オ 正岡子規

【解説】

①五七五にとらわれない「自由律俳句」。究極の孤独を表しているよ。

②雪が降ると、つい上を向いて口を開けてしまうよね！

③舞台は奈良の法隆寺。秋の到来をシンプルによんだ句だね。

④井戸にからまった朝顔をそのままにしておきたいという、やさしさだね。

⑤一日中のんびりと波うっている、春の海ののどかさをよんでいるよ。

解答　①イ　②エ　③オ　④ア　⑤ウ

【解説】

⑥
```
分け入っても
分け入っても
青い山
```
● ● **ア** 小林一茶

⑥これも「自由律俳句」。どこまでいっても終わらない深い山をよんでいるよ。

⑦
```
梅一輪
一輪ほどの
暖かさ
```
● ● **イ** 服部嵐雪

⑦梅が一輪ずつ咲くごとに春に近づく、うれしさを表現しているよ。

⑧
```
雀の子
そこのけそこのけ
御馬が通る
```
● ● **ウ** 種田山頭火

⑧馬が通るから気をつけて！と雀に言っているんだよ。

⑨
```
万緑の
中や吾子の歯
生え初むる
```
● ● **エ** 松尾芭蕉

⑨初夏の緑と真っ白な歯を対比させた、生命力あふれる句だね。

⑩
```
閑さや
岩にしみ入
蟬の声
```
● ● **オ** 中村草田男

⑩岩が音を吸い込んでしまうくらい、静かな様子をよんでいるよ。

解答 ⑥ウ ⑦イ ⑧ア ⑨オ ⑩エ

⑪ 古池や 蛙飛こむ 水の音 ● ● ア 芥川龍之介

⑫ 目には青葉 山郭公 初鰹 ● ● イ 与謝蕪村

⑬ 青蛙 おのれもペンキ ぬりたてか ● ● ウ 山口素堂

⑭ 菜の花や 月は東に 日は西に ● ● エ 小林一茶

⑮ うつくしや せうじの穴の 天の川 ● ● オ 松尾芭蕉

【解説】

⑪カエルの鳴き声ではなく、ポチャンと飛び込む音に注目したんだね。

⑫「青葉」「山郭公」「初鰹」は初夏の季語。目・耳・舌で初夏を満喫！

⑬青いカエルのテカテカ感がよく出ているね。フランスのジュール・ルナールの詩をもとにしているよ。

⑭東の空に月が出て、西の空に日がしずむ絵画的なシーンを句にしたよ。

⑮病気で寝ている一茶は、障子の穴から見た天の川を美しいと感じたんだね。

解答 ⑪オ ⑫ウ ⑬ア ⑭イ ⑮エ

齋藤孝先生の解説

日本人の心を十七文字にまとめた俳句の奥深さ

俳句は、五七五の十七文字で季語（季節を表す言葉）を入れるのが約束。季語は、新年・春・夏・秋・冬と季節ごとにあるよ。新年は**「めでたさも中くらいなりおらが春」**（小林一茶）、春は**「春風や闘志いだきて丘に立つ」**（高浜虚子）、夏は**「夏河を越すうれしさよ手に草履」**（与謝蕪村）、秋は**「秋深き隣は何をする人ぞ」**（松尾芭蕉）、冬は**「風邪の子や眉にのび来しひたひ髪」**（杉田久女）というふうに読んでいくと、情景が浮かんでくるね。

中には、文字数も季語も無視した「自由律俳句」というのもあるんだ。代表的なのは種田山頭火、尾崎放哉などだよ。**「入れ物が無い両手で受ける」**（放哉）、**「まっすぐな道でさみしい」「蜘蛛は網張る　私は私を肯定する」**（山頭火）、どれも孤独が伝わってくるね。

河東碧梧桐は、文字数にはこだわらず、季語は入れているよ。**「愕然として昼寝覚めたる一人かな」「曳かれる牛が辻でずつと見廻した秋空だ」**などは、気持ちがわかるかもね。

( )月( )日

国語

10 中古の文学史

問題

作者、編纂者(まとめた人)として正しいものをア〜オから選んで線で結ぼう。

① 〔 『古事記』 〕・　　・ア 作者不詳

② 〔 『日本書紀』 〕・　　・イ 清少納言

③ 〔 『万葉集』 〕・　　・ウ 大伴家持(編纂)

④ 〔 『竹取物語』 〕・　　・エ 舎人親王(編纂)

⑤ 〔 『枕草子』 〕・　　・オ 稗田阿礼・太安万侶

【解説】

①日本最古の歴史物語。稗田阿礼が神話や伝説を暗記し、太安万侶が文字にしたよ。

②日本最古の歴史書。天武天皇の命令により、歴史上の事実が書かれているよ。

③現存する最古の和歌集。奈良時代末期に成立したとされているよ。

④『源氏物語』の中で、「物語の出で来はじめの親」と紹介されている作品だよ。

⑤好きなものや嫌いなもの、美しいものやみにくいものについて自由に書いているよ。

解答 ①オ ②エ ③ウ ④ア ⑤イ

⑥〔『源氏物語』〕・	・ア 兼好法師	
⑦〔『百人一首』〕・	・イ 菅原孝標女	
⑧〔『徒然草』〕・	・ウ 藤原定家(編纂)	
⑨〔『平家物語』〕・	・エ 紫式部	
⑩〔『更級日記』〕・	・オ 作者不詳	

【解説】

⑥54帖(章)もある長編小説で、世界中で翻訳されているよ。

⑦定家は『新古今和歌集』の撰者でもあるよ。

⑧「つれづれなるままに」から始まる、鎌倉時代のエッセイ。

⑨平家の発展と衰退を描く物語で、琵琶法師の語りによって受け継がれてきたよ。

⑩平安時代の女性の人生がわかる、貴重な日記文学だよ。

解答 ⑥エ ⑦ウ ⑧ア ⑨オ ⑩イ

⑪〔『方丈記』〕	ア 曲亭馬琴	⑪「無常観」、つまり世の中のはかなさをエッセイ風に書いているよ。
⑫〔『おくのほそ道』〕	イ 井原西鶴	⑫江戸から岐阜県の大垣までの旅の様子を、俳句と文章でつづっているよ。
⑬〔『世間胸算用』〕	ウ 鴨長明	⑬大晦日、借金返済に走り回る江戸の町人たちの話だよ。
⑭〔『曽根崎心中』〕	エ 近松門左衛門	⑭徳兵衛とお初の悲しい恋物語。人形浄瑠璃（文楽）で演じられるよ。
⑮〔『南総里見八犬伝』〕	オ 松尾芭蕉	⑮「仁・義・礼・智・忠・信・孝・悌」の八つの珠をめぐる物語だよ。

【解説】は右列

解答 ⑪ウ ⑫オ ⑬イ ⑭エ ⑮ア

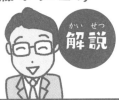

齋藤孝先生の解説

日本人の心の移り変わりを知ることができる文学史

中古の文学は、本文を読むのは難しいかもしれないけれど、タイトルと作者は知っておきたいね。

和歌を集めた和歌集については、次の三つの勅撰和歌集（天皇や上皇が作らせたもの）、『**古今和歌集**』『**後撰和歌集**』『**拾遺和歌集**』を「三代集」と呼ぶことを知っておくといいね。

物語には、杉の空洞にひそんでいた母子に由来する『**宇津保物語**』、まま母にいじめられるシンデレラのような『**落窪物語**』があるよ。

和歌を中心にした「歌物語」の代表作は『**伊勢物語**』。プレイボーイでたくさんの女性と恋をする主人公は、在原業平がモデルだとされているよ。

平安時代にできたとされる歴史物語は『**大鏡**』。二人の老人の昔語りという形で成り立っているんだ。日記文学では、紀貫之が女性のふりをして書いた『**土佐日記**』があるね。

(　　)月(　　)日

国語

11 外国文学

問題

次の作品の作者として正しいものをア～オから選んで線で結ぼう。

①『論語』	ア セルバンテス
②『罪と罰』	イ カフカ
③『失われた時を求めて』	ウ 孔子と弟子たち
④『変身』	エ プルースト
⑤『ドン・キホーテ』	オ ドストエフスキー

【解説】

①約2500年前に、孔子が弟子たちに語った言葉をまとめたものだよ。

②罪をおかした主人公のラスコーリニコフは、苦しみ、反省した後に立ち直るよ。

③主人公の「私」は、マドレーヌを食べて昔を思い出し、語るんだよ。

④主人公のグレゴール・ザムザは、ある朝起きたら巨大な「毒虫」になっていた!?

⑤自分を騎士だと思い込んだ男の冒険物語で、現代小説のもとになった大傑作！

解答 ①ウ ②オ ③エ ④イ ⑤ア

⑥［『嵐が丘』］●　　●ア ジュール・ヴェルヌ

⑦［『ツァラトゥストラはかく語りき』］●　　●イ ニーチェ

⑧［『十五少年漂流記』］●　　●ウ 魯迅

⑨［『阿Q正伝』］●　　●エ ダンテ

⑩［『神曲』］●　　●オ エミリー・ブロンテ

【解説】

⑥愛する人に裏切られた復讐劇。ブロンテ家は五姉妹のうち3人が作家だよ。

⑦ニーチェの思想や人間観を、詩のように書いた作品だよ。

⑧嵐によって流された無人島で、15人の少年たちがたくましく生きるよ！

⑨主人公・阿Qの目を通して、清から中華民国になる時代を描いているよ。

⑩地獄編、煉獄編、天国編の3部からなる長編叙事詩だよ。

解答　⑥オ　⑦イ　⑧ア　⑨ウ　⑩エ

⑪『戦争と平和』 ― ア トルストイ

⑫『トム・ソーヤの冒険』 ― イ ガルシア=マルケス

⑬『百年の孤独』 ― ウ マーク・トゥエイン

⑭『星の王子さま』 ― エ アンネ・フランク

⑮『アンネの日記』 ― オ サン=テグジュペリ

【解説】

⑪ロシア貴族の壮大な物語を、フランスのナポレオンとの戦争とともに描くよ。

⑫少年小説の代表作！ 世界中で翻訳され、今でも人気だよ。

⑬ラテンアメリカが舞台。ガルシア=マルケスはノーベル文学賞を受賞したよ。

⑭七つの星を旅する王子様は、いろんな人に出会って大切なことを知るんだ。

⑮ナチス・ドイツの迫害から逃げていたユダヤ人のアンネが書いた日記だよ。

解答 ⑪ア ⑫ウ ⑬イ ⑭オ ⑮エ

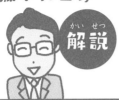

齋藤孝先生の解説

一度は聞いたことがある？ 世界の名作

ぜひ読んでもらいたい外国文学の一つが、アイルランドの作家ジョナサン・スウィフトの書いた『**ガリバー旅行記**』。ガリバーが船に乗って架空の国を旅するんだけど、唯一日本だけが実在の国なんだよ。ジブリ映画『天空の城ラピュタ』のモチーフになった「ラピュータ」も出てくるよ。

イギリスのダニエル・デフォー作の『**ロビンソン・クルーソー**』は、主人公が無人島で23年間もサバイバル生活をする、実話をもとに書かれた物語。冒険物語は読んでいるとワクワクしてくるね。

アメリカの女性作家マーガレット・ミッチェルが10年かけて書いた『**風と共に去りぬ**』は、映画の方がよく知られているかな。主人公スカーレット・オハラが、夫との死別、出産など様々な経験をしながらたくましく生き抜く物語だよ。どんなに落ち込んでも立ち上がるスカーレットに、勇気をもらえるよ。でも今では黒人の描き方に批判もあるよ。

（　　）月（　　）日

国語

12 百人一首

問題

次の上の句に続く下の句として正しいものをア～カから選んで線で結ぼう。

	上の句		下の句
①	秋の田の かりほの庵の 苫をあらみ	ア	ながながし夜を ひとりかも寝む
②	春過ぎて 夏来にけらし 白妙の	イ	富士の高嶺に 雪は降りつつ
③	あしびきの 山鳥の尾の しだり尾の	ウ	白きを見れば 夜ぞふけにける
④	田子の浦に うち出でて見れば 白妙の	エ	わが衣手は 露にぬれつつ
⑤	奥山に 紅葉踏み分け 鳴く鹿の	オ	声聞く時ぞ 秋は悲しき
⑥	かささぎの 渡せる橋に 置く霜の	カ	衣干すてふ 天の香具山

【意味】

①家が雨もりして服が濡れた……。貧乏はイヤだ！
天智天皇

②真っ白な衣が干してあるぞ、夏が来た！
持統天皇

③秋の夜長に、一人で寝るのはさびしいよ。
柿本人麻呂

④真っ白な富士山に真っ白な雪が、すばらしい！
山部赤人

⑤恋しい相手を求めて鳴く鹿、秋は悲しいなあ。
猿丸大夫

⑥夜が更けた、あの人に会えずに寂しいなあ。
中納言家持

解答　①エ　②カ　③ア　④イ　⑤オ　⑥ウ

	上の句		下の句
⑦	天の原 ふりさけ見れば 春日なる	ア	知るも知らぬも 逢坂の関
⑧	わが庵は 都のたつみ しかぞ住む	イ	をとめの姿 しばしとどめむ
⑨	花の色は 移りにけりな いたづらに	ウ	人には告げよ 海人の釣船
⑩	これやこの 行くも帰るも 別れては	エ	世をうぢ山と 人はいふなり
⑪	わたの原 八十島かけて 漕ぎ出でぬと	オ	三笠の山に 出でし月かも
⑫	天つ風 雲の通ひ路 吹きとぢよ	カ	わが身世にふる ながめせしまに

【意味】

⑦ふるさとで見た月と同じかな、なつかしいなあ。
安倍仲麻呂

⑧人が何と言おうと、一人静かに暮らすのはいい。
喜撰法師

⑨恋に悩みすぎて、美貌がおとろえてしまったわ。
小野小町

⑩逢坂の関では、人々の出会いがあるなあ。
蟬丸

⑪私は船出すると、恋しい人に伝えて！
参議篁

⑫天女のように舞う乙女たちを、見ていたい！
僧正遍昭

解答　⑦オ　⑧エ　⑨カ　⑩ア　⑪ウ　⑫イ

上の句		下の句	【意味】
⑬	筑波嶺の 峰より落つる みなの川	ア 乱れそめにし 我ならなくに	⑬深い淵のように、あなたを恋しています！ 陽成院
⑭	陸奥の しのぶもぢずり 誰ゆゑに	イ 恋ぞつもりて 淵となりぬる	⑭心が乱れているのは、あなたのせいです！ 河原左大臣
⑮	君がため 春の野に出でて 若菜つむ	ウ わが衣手に 雪は降りつつ	⑮あなたを思って菜をつむのは楽しい！ 光孝天皇
⑯	立ち別れ いなばの山の 峰に生ふる	エ 夢の通ひ路 人目よくらむ	⑯「待ってる」と言ってくれたら、すぐに帰ります！ 中納言行平
⑰	ちはやぶる 神代も聞かず 龍田川	オ まつとし聞かば 今帰り来む	⑰散った紅葉で満ちた川が、染め物のよう！ 在原業平朝臣
⑱	住の江の 岸に寄る波 よるさへや	カ からくれなゐに 水くくるとは	⑱夢にも出てきてくれないなんて、悲しい！ 藤原敏行朝臣

解答 ⑬イ ⑭ア ⑮ウ ⑯オ ⑰カ ⑱エ

上の句		下の句
⑲	難波潟 短き蘆の ふしの間も	ア 有明の月を 待ち出でつるかな
⑳	わびぬれば 今はたおなじ 難波なる	イ わが身ひとつの 秋にはあらねど
㉑	今来むと いひしばかりに 長月の	ウ 逢はでこのよを 過ぐしてよとや
㉒	吹くからに 秋の草木の しをるれば	エ 紅葉の錦 神のまにまに
㉓	月見れば 千々に物こそ 悲しけれ	オ むべ山風を あらしといふらむ
㉔	このたびは 幣もとりあへず 手向山	カ みをつくしても 逢はむとぞ思ふ

【意味】

⑲あなたに会わずに生きていけと言うの!?
伊勢

⑳この身をほろぼしても、あなたに会いたい!
元良親王

㉑会いに来ると言ったのに来ない、ああ切ない。
素性法師

㉒山から風が吹くと草木がしおれる……、嵐か!
文屋康秀

㉓秋の月は悲しいなあ、私だけの秋じゃないけど。
大江千里

㉔神様、この美しい紅葉をお受け取りください!
菅家

解答 ⑲ウ ⑳カ ㉑ア ㉒オ ㉓イ ㉔エ

番号	上の句		下の句	【意味】
㉕	名にし負はば 逢坂山の さねかづら	ア	今ひとたびの みゆき待たなむ	㉕さねかずらをたぐり寄せるように、ばれずに行きたい。 三条右大臣
㉖	小倉山 峰のもみぢ葉 心あらば	イ	暁ばかり 憂きものはなし	㉖また天皇がいらっしゃるまで、紅葉よ散るな！ 貞信公
㉗	みかの原 わきて流るる いづみ川	ウ	置きまどはせる 白菊の花	㉗会ったことがないのに、なぜこんなに恋しい……。 中納言兼輔
㉘	山里は 冬ぞ寂しさ まさりける	エ	人目も草も かれぬと思へば	㉘人も来ない、草もない、山里の冬はさびしい……。 源宗于朝臣
㉙	心あてに 折らばや折らむ 初霜の	オ	人に知られで くるよしもがな	㉙あまりに真っ白で、雪か白菊かわからない！ 凡河内躬恒
㉚	有明の つれなく見えし 別れより	カ	いつ見きとてか 恋しかるらむ	㉚あなたと別れてから、夜明けがつらい……。 壬生忠岑

解答 ㉕オ ㉖ア ㉗カ ㉘エ ㉙ウ ㉚イ

	上の句	下の句	
㉛	朝ぼらけ 有明の月と 見るまでに	花ぞ昔の 香ににほひける	ア
㉜	山川に 風のかけたる しがらみは	吉野の里に 降れる白雪	イ
㉝	ひさかたの 光のどけき 春の日に	雲のいづこに 月宿るらむ	ウ
㉞	誰をかも 知る人にせむ 高砂の	流れもあへぬ 紅葉なりけり	エ
㉟	人はいさ 心も知らず ふるさとは	松も昔の 友ならなくに	オ
㊱	夏の夜は まだ宵ながら 明けぬるを	しづ心なく 花の散るらむ	カ

【意味】

㉛夜明けの雪は、なんて白く美しい！
坂上是則

㉜川の柵かと思ったら、風に吹かれた紅葉か！
春道列樹

㉝のどかな日なのに、急いで桜が散ってしまう……。
紀友則

㉞友だちはみんな死んでしまった、寂しいなあ。
藤原興風

㉟人の心は変わる、花は変わらず咲くのに……。
紀貫之

㊱夏の夜が明けた……、月はどこだろう。
清原深養父

解答 ㉛イ ㉜エ ㉝カ ㉞オ ㉟ア ㊱ウ

	上の句		下の句	【意味】
㊲	白露に 風の吹きしく 秋の野は	ア	あまりてなどか 人の恋しき	㊲葉についた露が、真珠のように美しい！ 文屋朝康
㊳	忘らるる 身をば思はず 誓ひてし	イ	末の松山 波越さじとは	㊳私を忘れるなんて……、バチが当たるかも！? 右近
㊴	浅茅生の 小野の篠原 忍ぶれど	ウ	人の命の 惜しくもあるかな	㊴もう隠せない！　あなたが恋しいんです。 参議等
㊵	忍ぶれど 色に出でにけり 我が恋は	エ	人知れずこそ 思ひそめしか	㊵この恋は隠してきたのに、ばれてしまった！ 平兼盛
㊶	恋すてふ 我が名はまだき 立ちにけり	オ	物や思ふと 人の問ふまで	㊶恋し始めたばかりなのに、噂になっちゃった！ 壬生忠見
㊷	契りきな かたみに袖を しぼりつつ	カ	つらぬきとめぬ 玉ぞ散りける	㊷愛の約束をしたのに……、心変わりしないと！ 清原元輔

解答　㊲カ　㊳ウ　㊴ア　㊵オ　㊶エ　㊷イ

上の句	下の句
㊸ 逢ひ見ての 後の心に くらぶれば	ア 人をも身をも 恨みざらまし
㊹ 逢ふことの 絶えてしなくは なかなかに	イ くだけて物を 思ふころかな
㊺ あはれとも 言ふべき人は 思ほえで	ウ 人こそ見えね 秋は来にけり
㊻ 由良の門を 渡る舟人 かぢを絶え	エ 昔は物を 思はざりけり
㊼ 八重葎 しげれる宿の さびしきに	オ 身のいたづらに なりぬべきかな
㊽ 風をいたみ 岩うつ波の おのれのみ	カ 行方も知らぬ 恋の道かな

【意味】

㊸両想いの苦しさに比べたら、片想いなんて……。
権中納言敦忠

㊹恋人にならなかったら、恨まずにすんだのに。
中納言朝忠

㊺誰にも同情されず、恋に苦しみ死んでしまう！
謙徳公

㊻私の恋も、あの舟のようにどこへ向かうのか……。
曾禰好忠

㊼こんなに寂しいところにも、秋は来るんだなあ。
恵慶法師

㊽くだける波のように、私は恋に悩んでいる……。
源重之

解答 ㊸エ ㊹ア ㊺オ ㊻カ ㊼ウ ㊽イ

上の句		下の句		【意味】

㊾ みかきもり 衛士のたく火の 夜は燃え	●	● ア 今日を限りの 命ともがな		㊾私の恋も、夜は燃え、昼には消えてしまう……。 大中臣能宣朝臣
㊿ 君がため 惜しからざりし 命さへ	●	● イ さしも知らじな 燃ゆる思ひを		㊿あなたがいるから、長生きしたいと思うのです。 藤原義孝
51 かくとだに えやはいぶきの さしも草	●	● ウ 昼は消えつつ 物をこそ思へ		51あなたへの燃えるような思いを、知らないでしょう! 藤原実方朝臣
52 明けぬれば 暮るるものとは 知りながら	●	● エ いかに久しき ものとかは知る		52また夜に会えると思っても、別れの朝はつらい。 藤原道信朝臣
53 嘆きつつ ひとり寝る夜の 明くる間は	●	● オ なほ恨めしき 朝ぼらけかな		53あなたが来ない夜が、どんなに長く感じるか! 右大将道綱母
54 忘れじの 行末までは かたければ	●	● カ 長くもがなと 思ひけるかな		54未来はわからないから、幸せなまま死にたい! 儀同三司母

解答 ㊾ウ ㊿カ 51イ 52オ 53エ 54ア

	上の句		下の句
55	滝の音は 絶えて久しく なりぬれど	ア	雲隠れにし 夜半の月かな
56	あらざらむ この世のほかの 思ひ出に	イ	名こそ流れて なほ聞こえけれ
57	めぐり逢ひて 見しやそれとも わかぬ間に	ウ	今ひとたびの 逢ふこともがな
58	有馬山 猪名の笹原 風吹けば	エ	かたぶくまでの 月を見しかな
59	やすらはで 寝なましものを さ夜ふけて	オ	まだふみもみず 天の橋立
60	大江山 いく野の道の 遠ければ	カ	いでそよ人を 忘れやはする

【意味】

55 滝の音は聞こえないけど、評判は残っているなあ。
大納言公任

56 死ぬ前に、ひと目だけでもあなたに会いたい！
和泉式部

57 久しぶりなのに、ちょっとしか会えなかった！
紫式部

58 私があなたを忘れるはずがないでしょう！
大弐三位

59 月が沈むまで、ずっと起きて待っていたのに！
赤染衛門

60 天の橋立も通ってないし、母の手紙も読んでいません！
小式部内侍

解答　55イ　56ウ　57ア　58カ　59エ　60オ

	上の句		下の句
61	いにしへの 奈良の都の 八重桜	ア	よに逢坂の 関はゆるさじ
62	夜をこめて 鳥のそら音は はかるとも	イ	花よりほかに 知る人もなし
63	今はただ 思ひ絶えなむ とばかりを	ウ	けふ九重に にほひぬるかな
64	朝ぼらけ 宇治の川霧 たえだえに	エ	恋に朽ちなむ 名こそ惜しけれ
65	恨みわび ほさぬ袖だに あるものを	オ	あらはれわたる 瀬々の網代木
66	もろともに あはれと思へ 山桜	カ	人づてならで いふよしもがな

【意味】

㉑昔の八重桜が、この宮中でも美しく咲いてる！
伊勢大輔

㉒だまして誘おうとしても、ダメですよ！
清少納言

㉓あなたのことはあきらめたと、自分で言いたい！
左京大夫道雅

㉔とぎれとぎれの霧の間から、網代木が見える……。
権中納言定頼

㉕あなたとの噂で評判が下がって、悔しい……。
相模

㉖山桜よ、お前だけは私のことをわかっておくれ。
前大僧正行尊

解答　㉑ウ　㉒ア　㉓カ　㉔オ　㉕エ　㉖イ

上の句 かみのく	下の句 しものく	【意味】いみ
㉇ 春の夜の 夢ばかりなる 手枕に	ア かけじや袖の ぬれもこそすれ	㉇ あなたのせいで変な噂が立つなんて、悔しい！ 周防内侍
㉈ 心にも あらでうき世に ながらへば	イ 恋しかるべき 夜半の月かな	㉈ 長生きしたら、この美しい月を思い出すだろう。 三条院
㉉ 嵐吹く 三室の山の もみぢ葉は	ウ いづこも同じ 秋の夕暮れ	㉉ 散った紅葉が、錦の織物のように美しい！ 能因法師
㉊ さびしさに 宿をたち出でて ながむれば	エ 龍田の川の 錦なりけり	㉊ 秋の夕暮れは、どこもさびしいなあ……。 良暹法師
㉋ 夕されば 門田の稲葉 おとづれて	オ 蘆のまろやに 秋風ぞ吹く	㉋ この粗末な家にも秋風が吹く、もう秋だなあ。 大納言経信
㉌ 音に聞く 高師の浜の あだ波は	カ かひなく立たむ 名こそ惜しけれ	㉌ 浮気なあなたはイヤよ、泣くのはまっぴら！ 祐子内親王家紀伊

解答 ㉇カ ㉈イ ㉉エ ㉊ウ ㉋オ ㉌ア

上の句	下の句
⑦③ 高砂の 尾上の桜 咲きにけり	ア 幾夜寝覚めぬ 須磨の関守
⑦④ 憂かりける 人を初瀬の 山おろしよ	イ 外山の霞 立たずもあらなむ
⑦⑤ 契りおきし させもが露を 命にて	ウ われても末に あはむとぞ思ふ
⑦⑥ わたの原 漕ぎ出でて見れば ひさかたの	エ 雲居にまがふ 沖つ白波
⑦⑦ 瀬をはやみ 岩にせかるる 滝川の	オ はげしかれとは 祈らぬものを
⑦⑧ 淡路島 かよふ千鳥の 鳴く声に	カ あはれ今年の 秋もいぬめり

【意味】

⑦③霞よ、立たないで。桜が見えなくなるから。
権中納言匡房

⑦④冷たくしてほしいなんて、祈ってないのに……。
源俊頼朝臣

⑦⑤約束を信じてたのに、また今年もダメだった……。
藤原基俊

⑦⑥まるで雲と見間違えるほど、真っ白い波！
法性寺入道前関白太政大臣

⑦⑦今は別れても、いつかまた必ず会おう！
崇徳院

⑦⑧千鳥の声を聞くと、さぞ悲しくなるだろうに。
源兼昌

解答 ⑦③イ ⑦④オ ⑦⑤カ ⑦⑥エ ⑦⑦ウ ⑦⑧ア

上の句		下の句
⑲	秋風に たなびく雲の 絶え間より	ア 山の奥にも 鹿ぞ鳴くなる
⑳	長からむ 心も知らず 黒髪の	イ ただ有明の 月ぞ残れる
㉑	ほととぎす 鳴きつる方を ながむれば	ウ 憂きにたへぬは 涙なりけり
㉒	思ひわび さても命は あるものを	エ もれ出づる月の 影のさやけさ
㉓	世の中よ 道こそなけれ 思ひ入る	オ 憂しと見し世ぞ 今は恋しき
㉔	ながらへば またこのごろや しのばれむ	カ 乱れて今朝は 物をこそ思へ

【意味】

⑲雲の間から見える月の光、澄んでいるなあ。
左京大夫顕輔

⑳あなたが帰ってしまい、心が乱れています……。
待賢門院堀河

㉑ほととぎすの鳴く方を見たら、夜明けの月が……。
後徳大寺左大臣

㉒恋がつらいのに、まだ生きているなんて……。
道因法師

㉓どこに行っても、つらい気持ちから逃げられない！
皇太后宮大夫俊成

㉔長生きしたら、このつらさもなつかしくなるかな。
藤原清輔朝臣

解答 ⑲エ ⑳カ ㉑イ ㉒ウ ㉓ア ㉔オ

上の句（かみのく）		下の句（しものく）	
⑧⑤ 夜もすがら 物思ふころは 明けやらで	●	● ア 忍ぶることの 弱りもぞする	
⑧⑥ 嘆けとて 月やは物を 思はする	●	● イ 霧たちのぼる 秋の夕暮れ	
⑧⑦ 村雨の 露もまだひぬ まきの葉に	●	● ウ かこち顔なる わが涙かな	
⑧⑧ 難波江の 蘆のかりねの ひとよゆゑ	●	● エ ぬれにぞぬれし 色はかはらず	
⑧⑨ 玉の緒よ 絶えなば絶えね ながらへば	●	● オ 閨のひまさへ つれなかりけり	
⑨⑩ 見せばやな 雄島のあまの 袖だにも	●	● カ みをつくしてや 恋ひわたるべき	

【意味（いみ）】

⑧⑤あなたが来（き）てくれない夜（よる）は、長い……。
俊恵法師（しゅんえほうし）

⑧⑥月（つき）を見（み）ると、涙（なみだ）が止（と）まらない……。
西行法師（さいぎょうほうし）

⑧⑦雨上（あめあ）がり、霧（きり）が立（た）ち上（のぼ）る秋（あき）の夕暮（ゆうぐ）れは美（うつく）しい……。
寂蓮法師（じゃくれんほうし）

⑧⑧一夜（いちや）の恋（こい）を生涯（しょうがい）想（おも）い続（つづ）けるのでしょうか……。
皇嘉門院別当（こうかもんいんのべっとう）

⑧⑨秘密（ひみつ）の恋（こい）がばれないよう、死（し）んでしまいたい！
式子内親王（しょくしないしんのう）

⑨⑩血（ち）の涙（なみだ）で色（いろ）が変（か）わってしまった袖（そで）を見（み）せたい！
殷富門院大輔（いんぶもんいんのたいふ）

70 解答（かいとう） ⑧⑤オ ⑧⑥ウ ⑧⑦イ ⑧⑧カ ⑧⑨ア ⑨⑩エ

上の句	下の句
⑨① きりぎりす 鳴くや霜夜の さむしろに	ア あまの小舟の 綱手かなしも
⑨② わが袖は 潮干に見えぬ 沖の石の	イ 衣かたしき ひとりかも寝む
⑨③ 世の中は 常にもがもな 渚漕ぐ	ウ ふりゆくものは わが身なりけり
⑨④ み吉野の 山の秋風 さ夜ふけて	エ 人こそ知らね かわく間もなし
⑨⑤ おほけなく うき世の民に おほふかな	オ わがたつ杣に 墨染の袖
⑨⑥ 花さそふ 嵐の庭の 雪ならで	カ ふるさと寒く 衣打つなり

【意味】

⑨①霜がおりる冬の夜、一人で寝るのはさびしい……。
後京極摂政前太政大臣

⑨②袖が乾くひまがないほど、泣いています……。
二条院讃岐

⑨③このまま、しみじみとした風景を見ていたい。
鎌倉右大臣

⑨④風が吹き、衣を打つ音がして、寒さがしみる……。
参議雅経

⑨⑤苦しみの多い人々に、この衣をかけてあげたい。
前大僧正慈円

⑨⑥古びて散っていくのは、桜ではなくこの私……。
入道前太政大臣

解答 ⑨①イ ⑨②エ ⑨③ア ⑨④カ ⑨⑤オ ⑨⑥ウ

上の句		下の句
⑨⑦ 来ぬ人を まつほの浦の 夕なぎに	ア	なほあまりある 昔なりけり
⑨⑧ 風そよぐ ならの小川の 夕暮れは	イ	世を思ふゆゑに 物思ふ身は
⑨⑨ 人もをし 人も恨めし あぢきなく	ウ	焼くや藻塩の 身もこがれつつ
⑩⓪ ももしきや 古き軒端の しのぶにも	エ	みそぎぞ夏の しるしなりける

【意味】

⑨⑦恋焦がれて待っているのに、あなたは来ない！

権中納言定家

⑨⑧もう秋？　いや、まだ夏なんだなあ。

従二位家隆

⑨⑨人は、いとしくもあり、恨めしくもあるなあ。

後鳥羽院

⑩⓪しのぶ草を見ると、昔がなつかしいなあ。

順徳院

解答　⑨⑦ウ　⑨⑧エ　⑨⑨イ　⑩⓪ア

2 章

算数

（　　）月（　　）日

算数

01 単位【長さ、重さ、面積】

物の量をはかるには単位があって、長さや重さ、面積によってそれぞれ違うよ。また、国や時代によっても使われる単位は変わるんだね。

長さ 問題

①〜③にあてはまる数字を入れよう。④〜⑦は正しいものをア〜エから選んで線を結ぼう。

〔 1㎜ 〕→ 1㎝ → 1m → 1㎞

1㎝ ＝ ①［　　］㎜

1m ＝ ②［　　］㎝

1㎞ ＝ ③［　　］m

④〔 1ヤード 〕・　　・ア［約 0.025］m

⑤〔 1フィート 〕・　　・イ［約 0.3］m

⑥〔 1インチ 〕・　　・ウ［約 0.91］m

⑦〔 1マイル 〕・　　・エ［約 1609］m

解答　① 10mm　② 100cm　③ 1000m　④ウ　⑤イ　⑥ア　⑦エ

重さ

問題

⑧〜⑩にあてはまる数字を入れよう。⑪〜⑭は正しいものをア〜エから選んで線を結ぼう。

〔 1mg 〕→ 1g → 1kg → 1t

1g ＝ ⑧ □ mg

1kg ＝ ⑨ □ g

1t ＝ ⑩ □ kg

⑪〔 1オンス 〕・ ・ア 約0.2 g

⑫〔 1ポンド 〕・ ・イ 約28.35 g

⑬〔 1カラット 〕・ ・ウ 約453.6 g

⑭〔 1貫 〕・ ・エ 約3750 g

解答 ⑧1000mg ⑨1000g ⑩1000kg ⑪イ ⑫ウ ⑬ア ⑭エ

面積 問題

⑮〜⑰にあてはまる数字を入れよう。⑱〜㉑は正しいものをア〜エから選んで線を結ぼう。

〔 $1\,m^2$ 〕→ $1\,cm^2$ → $1\,m^2$ → $1\,km^2$

$1\,cm^2$ = ⑮ □ mm^2

$1\,m^2$ = ⑯ □ cm^2

$1\,km^2$ = ⑰ □ m^2

⑱〔 1 a（アール） 〕・　　・ア 約 3.31 m^2

⑲〔 1 ha（ヘクタール） 〕・　　・イ 100 m^2

⑳〔 1 エーカー 〕・　　・ウ 約 4047 m^2

㉑〔 1 坪（つぼ） 〕・　　・エ 10000 m^2

解答　⑮ $100mm^2$　⑯ $10000cm^2$　⑰ $1000000m^2$　⑱イ　⑲エ　⑳ウ　㉑ア

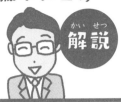

齋藤孝先生の解説

様々な「単位」は国や時代によって違うことも多いんだ！

3合分ですね！
3合分よくといでください

国際的な標準単位として使われているのは、長さはcmやmで、重さはgやkg。でも、アメリカではヤードやフィート、オンスやポンドが使われているんだ。ゴルフで「残り140ヤード」と言ったり、ハンバーガーの重さを「○ポンド」と言ったりするね。

温度の単位としては「℃」になじみがあるよね。「35℃」は**「摂氏35度」**というんだけど、英語圏の一部では**「華氏」**という単位を使うんだよ。摂氏で温度が1℃上がるとき、華氏では1.8°F上がることになるから、「摂氏35度＝華氏95度」になるんだ。摂氏30度だったら暑いけど、華氏30度だったら摂氏－1度のことだから、凍えるような寒さだね。

昔の日本では「尺貫法」という単位が使われていて、長さの単位を**「尺」**、体積を**「升」**、重さを**「貫」**ではかっていたんだ。1959年に尺貫法は廃止されたんだけど、たとえば、お米を炊くときに「3合」「1升」というように、まだ日常生活の中に残っているんだね。

(　　)月(　　)日

算数

02 図形① 正方形の面積

ここからは図形の問題。図形の面積を求める問題をたくさん解いて慣れていこう。
まずは基本中の基本、正方形から！

公式

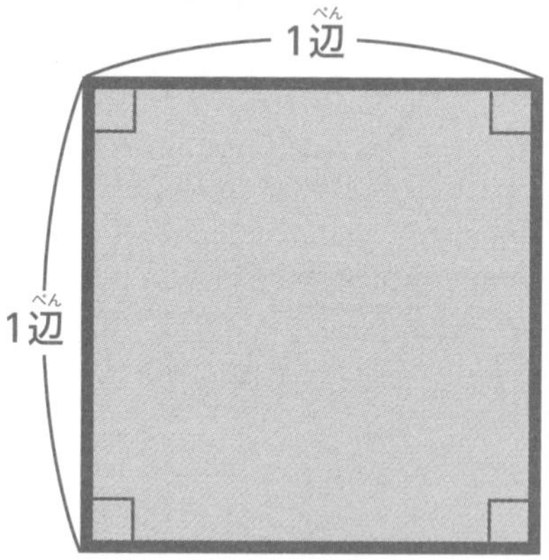

1辺×1辺＝正方形の面積

正方形のポイント

① 1辺の長さが全部同じ四角形

② 内角が全部90°（直角）

③ 2本の対角線の長さが同じ

問題

(　)の中にあてはまる数字を入れて面積を求めよう。

① 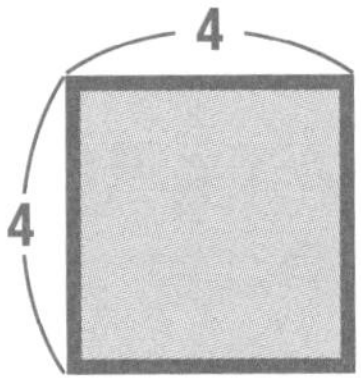

(　　　　) × (　　　　) = (　　　　)

② 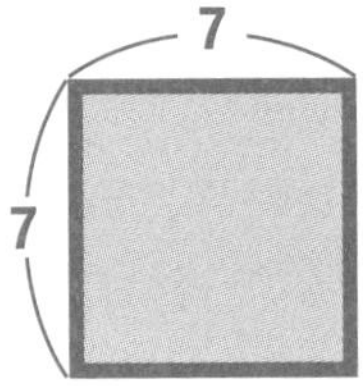

(　　　　) × (　　　　) = (　　　　)

③ 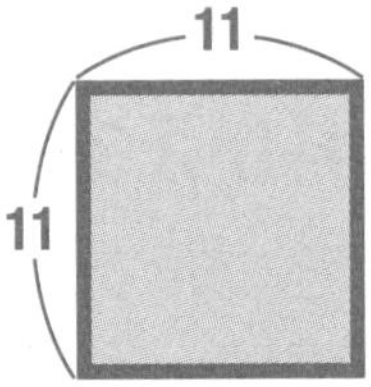

(　　　　) × (　　　　) = (　　　　)

④ 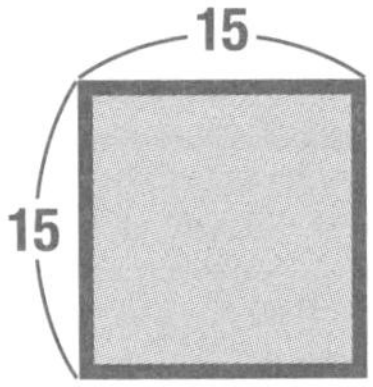

(　　　　) × (　　　　) = (　　　　)

⑤ 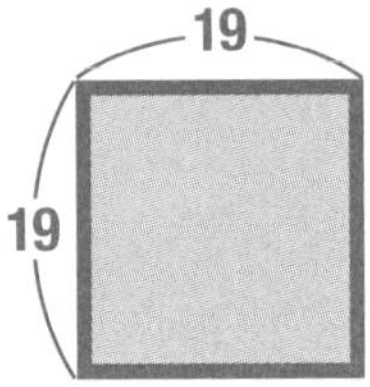

(　　　　) × (　　　　) = (　　　　)

解答　① 4×4=16　② 7×7=49　③ 11×11=121　④ 15×15=225　⑤ 19×19=361

（　　）月（　　）日

算数

03 図形② 長方形の面積

長方形も、正方形と同じ四角形だから、基本的な解き方は同じだよ。たてと横の辺をかけあわせればいいんだね。

公式

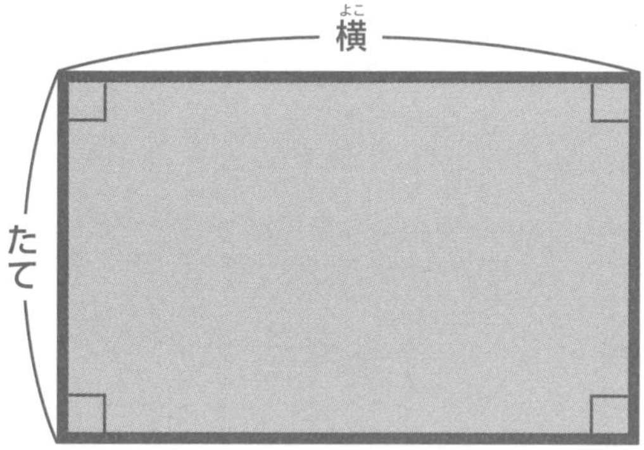

たて×横＝長方形の面積

※「たて」と「横」を入れかえても同じ

長方形のポイント

① 向かい合う2辺の長さが同じ四角形

② 内角が全部90°（直角）

③ 2本の対角線の長さが同じ

問題

(　)の中にあてはまる数字を入れて面積を求めよう。

① 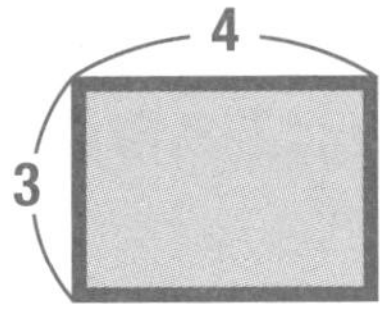

(　　　　)×(　　　　)=(　　　　)

② 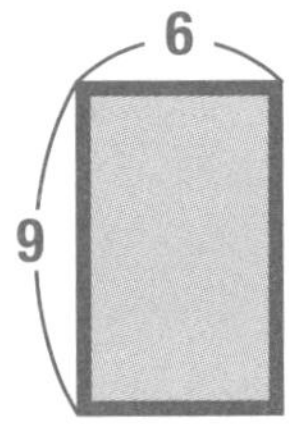

(　　　　)×(　　　　)=(　　　　)

③ 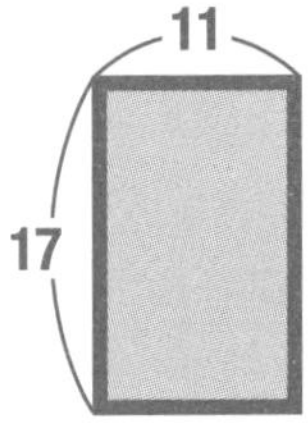

(　　　　)×(　　　　)=(　　　　)

④ 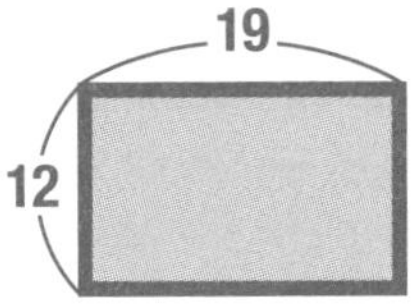

(　　　　)×(　　　　)=(　　　　)

⑤ 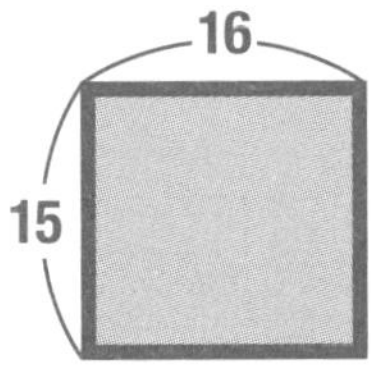

(　　　　)×(　　　　)=(　　　　)

解答　① 3×4=12　② 9×6=54　③ 17×11=187　④ 12×19=228　⑤ 15×16=240

算数

04 図形③ 三角形の面積

三角形の面積を求めるときは、「÷２」を忘れないようにね。「底辺」とは三角形の底になる長さだよ。

公式

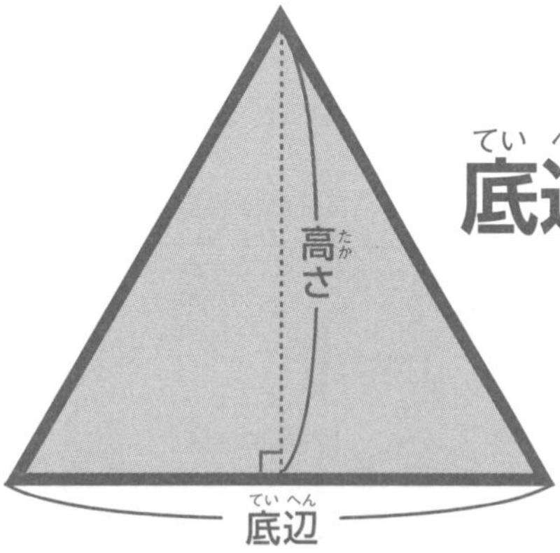

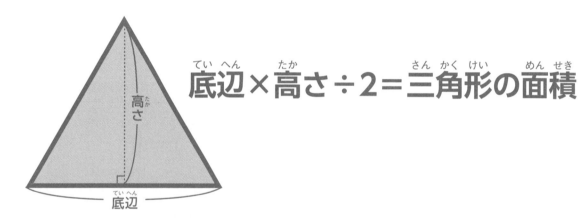

底辺×高さ÷2＝三角形の面積

三角形のポイント

① 3本の辺に囲まれた図形

② 内角の和が180°

③ 2辺の長さが同じものは「二等辺三角形」、
3辺全部の長さが同じものは「正三角形」

問題

（　）の中にあてはまる数字を入れて面積を求めよう。

① 　（　　　　　）×（　　　　　）÷ 2 =（　　　　　）

② 　（　　　　　）×（　　　　　）÷ 2 =（　　　　　）

③ 　（　　　　　）×（　　　　　）÷ 2 =（　　　　　）

④ 　（　　　　　）×（　　　　　）÷ 2 =（　　　　　）

⑤ 　（　　　　　）×（　　　　　）÷ 2 =（　　　　　）

解答　① 3×6÷2＝9　② 9×4÷2＝18　③ 16×12÷2＝96　④ 14×17÷2＝119　⑤ 19×18÷2＝171

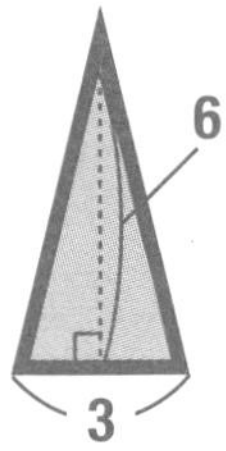

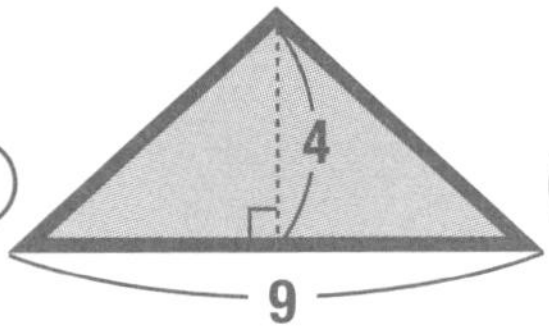

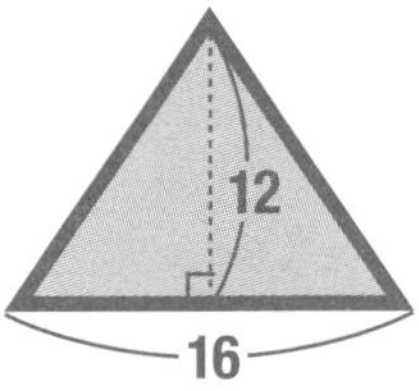

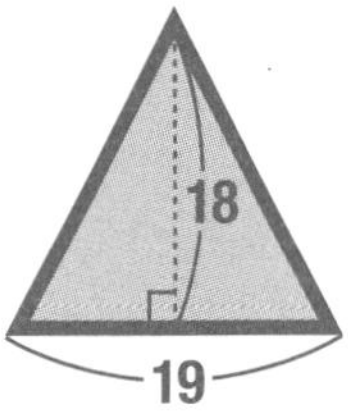

（　　）月（　　）日

算数

05 図形④ 台形の面積

台形の上の辺を「上辺」、下の辺を「下辺」というよ。上と下の辺を足して高さをかけ、2で割ると台形の面積が求められるね。

公式

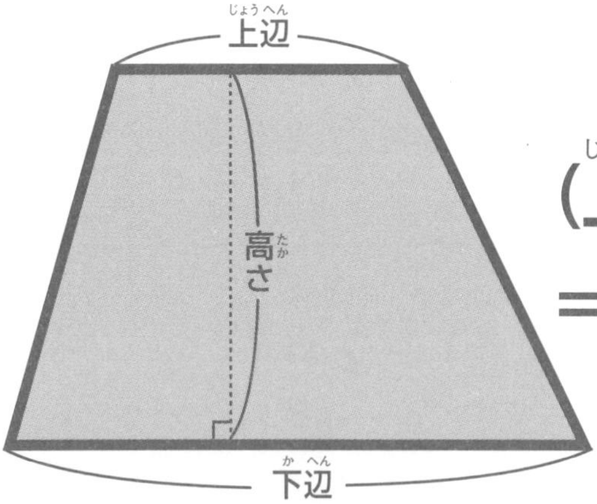

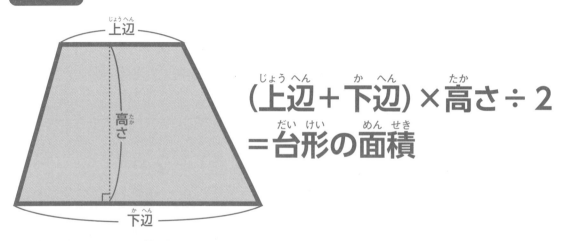

(上辺＋下辺)×高さ÷2
＝台形の面積

台形のポイント

① 向かい合う一組の辺が平行な四角形

② 上辺と下辺はどちらが長くてもいい

問題

(　)と□の中にあてはまる数字を入れて面積を求めよう。

① 

(□＋□)×(　　)÷2＝(　　)

② 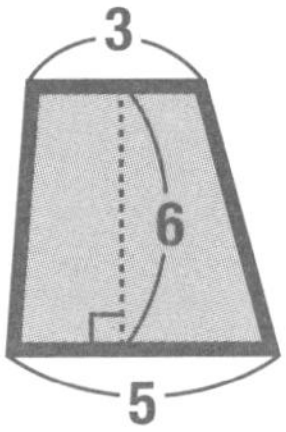

(□＋□)×(　　)÷2＝(　　)

③ 

(□＋□)×(　　)÷2＝(　　)

④ 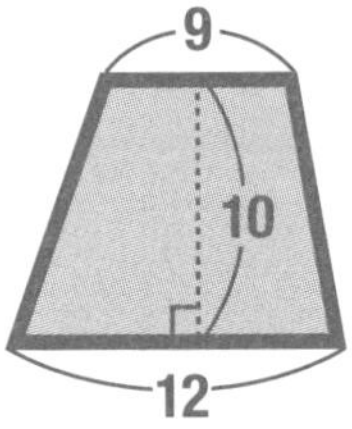

(□＋□)×(　　)÷2＝(　　)

⑤ 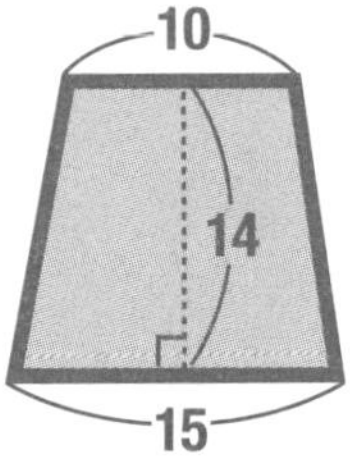

(□＋□)×(　　)÷2＝(　　)

解答　① (2＋3)×4÷2＝10　② (3＋5)×6÷2＝24　③ (4＋8)×8÷2＝48　④ (9＋12)×10÷2＝105　⑤ (10＋15)×14÷2＝175

(　　)月(　　)日

算数 06

図形⑤ 平行四辺形の面積

向かい合う２辺が平行で長さが同じなら、平行四辺形。すると、向かい合う角の大きさも同じになるよ。

公式

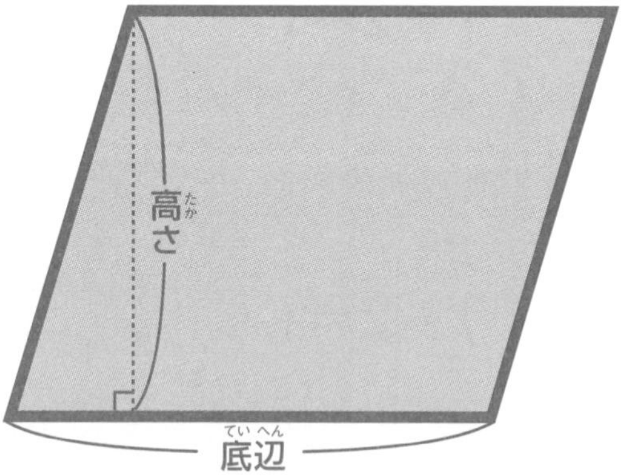

底辺×高さ＝平行四辺形の面積

平行四辺形のポイント

① 向かい合う二組の辺が平行で長さが同じ

② 向かい合う二組の角の大きさが同じ

③ 対角線がそれぞれの中点（真ん中）で交わる

問題

(　)の中にあてはまる数字を入れて面積を求めよう。

① 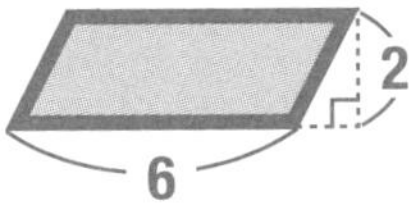

(　　　)×(　　　)=(　　　)

② 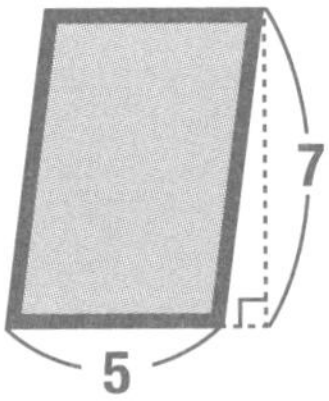

(　　　)×(　　　)=(　　　)

③ 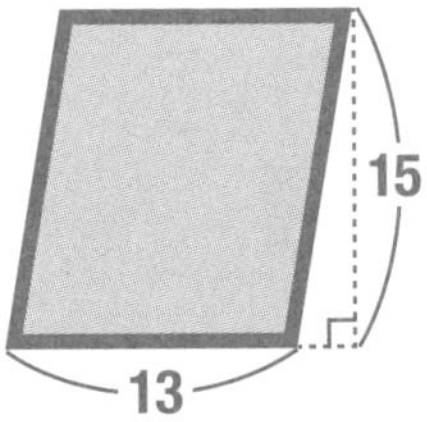

(　　　)×(　　　)=(　　　)

④ 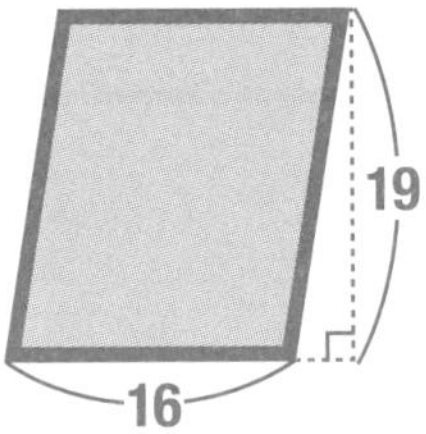

(　　　)×(　　　)=(　　　)

⑤ 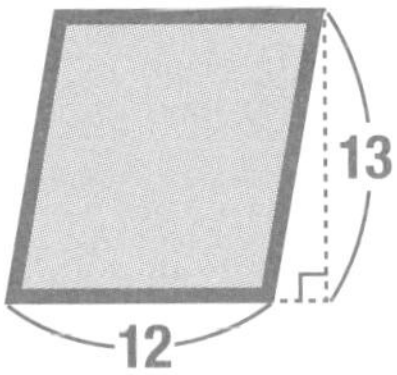

(　　　)×(　　　)=(　　　)

解答　① 6×2=12　② 5×7=35　③ 13×15=195　④ 16×19=304　⑤ 12×13=156

（　　）月（　　）日

算数

07 図形⑥ ひし形の面積

ひし形の面積は、直角に交わる２本の対角線をかけ合わせて、２で割ることで求められるよ。ひし形は、平行四辺形の仲間だね。

公式

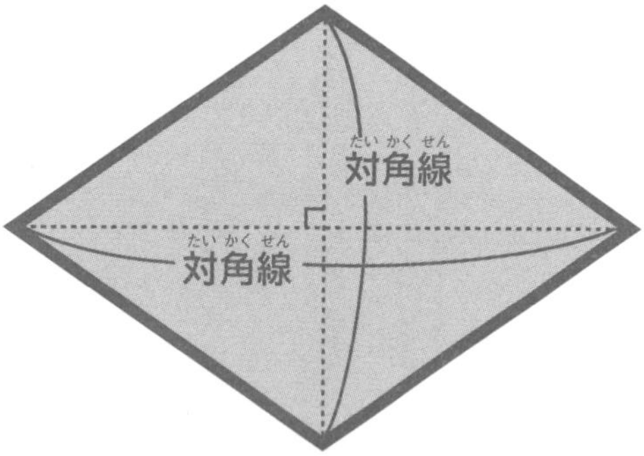

たての対角線×横の対角線÷２＝ひし形の面積

ひし形のポイント

① 向かい合う二組の辺が平行な四角形

② 4辺の長さが同じ

③ 向かい合う角の大きさが同じ

問題

(　)の中にあてはまる数字を入れて面積を求めよう。

①
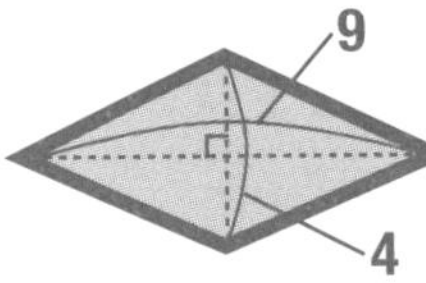

(　　　)×(　　　)÷2=(　　　)

②
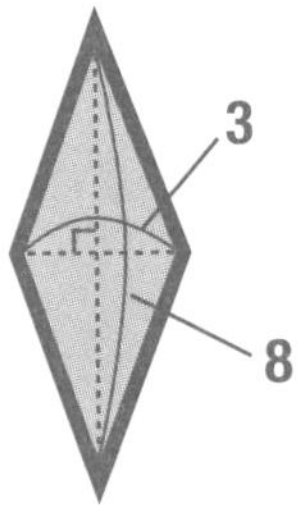

(　　　)×(　　　)÷2=(　　　)

③
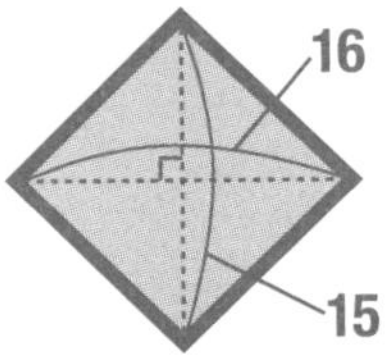

(　　　)×(　　　)÷2=(　　　)

④
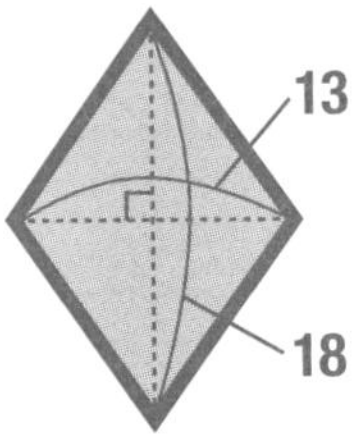

(　　　)×(　　　)÷2=(　　　)

⑤
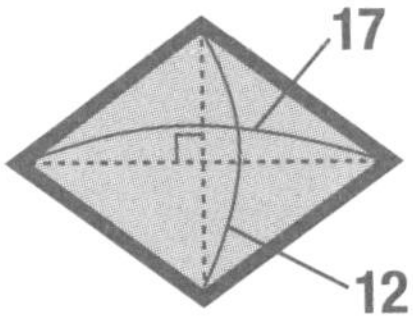

(　　　)×(　　　)÷2=(　　　)

解答　①4×9÷2=18　②8×3÷2=12　③15×16÷2=120　④18×13÷2=117　⑤12×17÷2=102

（　　）月（　　）日

算数

08 図形⑦ 円の面積

円は、コンパスで描く「まる」のこと。一つの円では、半径と直径は、どこをはかっても同じ長さになるよ。

公式

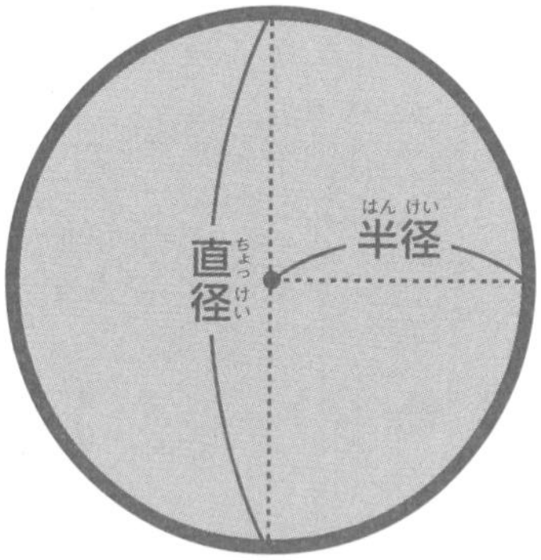

半径×半径×円周率(3.14)
＝円の面積

円のポイント

① 円とは、ある一点(定点)から同じ距離にある点の集まり

② 面積を求めるときは半径に半径をかける
(半径×2ではない)

③ 直径は半径の2倍

問題

(　)の中にあてはまる数字を入れて面積を求めよう。

① 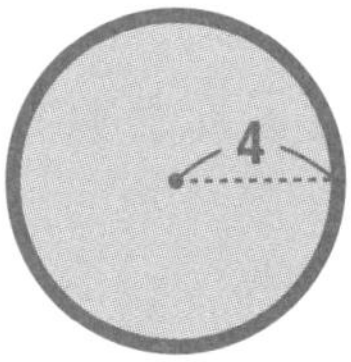

(　　　)×(　　　)× 3.14 =(　　　)

② 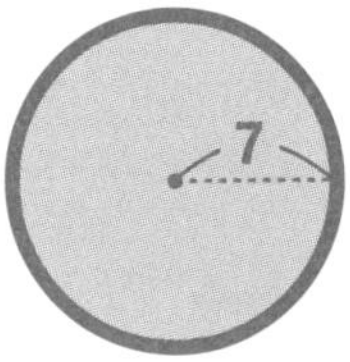

(　　　)×(　　　)× 3.14 =(　　　)

③ 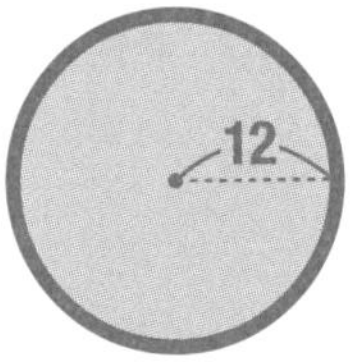

(　　　)×(　　　)× 3.14 =(　　　)

④ 

(　　　)×(　　　)× 3.14 =(　　　)

⑤ 

(　　　)×(　　　)× 3.14 =(　　　)

解答 ① 4×4×3.14＝50.24　② 7×7×3.14＝153.86　③ 12×12×3.14＝452.16　④ 15×15×3.14＝706.5　⑤ 19×19×3.14＝1133.54

(　　)月(　　)日

算数

09 小数を分数にする

分数を小数にするときは割り切れないものが出てくるけれど、小数はどんな数でも必ずきちんと分数にできるよ。

公式

$$0.1=\frac{1}{10}$$

$$0.01=\frac{1}{100}$$

$$0.001=\frac{1}{1000}$$

※0の数だけ分母の0が増える

分数を小数にするポイント

① 小数点以下の位によって、分母を10や100などにして分数にする　例　$0.1=\frac{1}{10}$

② 整数を分数にするときは、分母を1にする　例　$2=\frac{2}{1}$

③ 割り算式はそのまま分数で表すことができる

例　$5\div8=\frac{5}{8}$

問題

次の小数を分数にしてみよう。

① 0.7 ＝（　　　　）

② 0.42 ＝（　　　　）

③ 0.75 ＝（　　　　）

④ 89 ＝（　　　　）

⑤ 0.002 ＝（　　　　）

⑥ 0.037 ＝（　　　　）

⑦ 0.358 ＝（　　　　）

⑧ 0.589 ＝（　　　　）

⑨ 0.0056 ＝（　　　　）

⑩ 0.00003 ＝（　　　　）

算数

解答

① $0.7=\frac{7}{10}$　② $0.42=\frac{42}{100}=\frac{21}{50}$　③ $0.75=\frac{75}{100}=\frac{3}{4}$　④ $89=\frac{89}{1}$　⑤ $0.002=\frac{2}{1000}=\frac{1}{500}$

⑥ $0.037=\frac{37}{1000}$　⑦ $0.358=\frac{358}{1000}=\frac{179}{500}$　⑧ $0.589=\frac{589}{1000}$　⑨ $0.0056=\frac{56}{10000}=\frac{7}{1250}$

⑩ $0.00003=\frac{3}{100000}$

(　　)月(　　)日

算数

10 分数を小数にする

分数と小数は、まったく違うものに見えるかもしれないけれど、コツさえつかめば安心。
ここでは分数を小数に変える方法を学ぼう。

公式

分子÷分母で考える

$$\frac{1}{10}=1\div10=0.1$$

$$\frac{1}{5}=1\div5=0.2$$

分数を小数にするポイント

① 「分数」を「割り算」に変える(分子を分母で割る)

例　$\frac{3}{4}=3\div4=0.75$

② 帯分数の場合は、仮分数にしてから分子を分母で割る

③ 分数を小数にすると、小数点以下が無限に続くものもある

例　$\frac{1}{3}=1\div3=0.333333333\cdots\cdots$

問題

次の分数を小数にしてみよう。

① $\frac{2}{5}$ =（　　　　）

② $\frac{1}{9}$ =（　　　　）

③ $\frac{5}{8}$ =（　　　　）

④ $\frac{16}{25}$ =（　　　　）

⑤ $\frac{18}{60}$ =（　　　　）

⑥ $\frac{21}{50}$ =（　　　　）

⑦ $\frac{24}{25}$ =（　　　　）

⑧ $1\frac{3}{8}$ =（　　　　）

⑨ $2\frac{2}{5}$ =（　　　　）

⑩ $4\frac{1}{2}$ =（　　　　）

解答
① 2÷5=0.4　② 1÷9=0.111111111……　③ 5÷8=0.625　④ 16÷25=0.64　⑤ 18÷60=0.3
⑥ 21÷50=0.42　⑦ 24÷25=0.96　⑧ $1\frac{3}{8}=\frac{11}{8}$=11÷8=1.375　⑨ $2\frac{2}{5}=\frac{12}{5}$=12÷5=2.4
⑩ $4\frac{1}{2}=\frac{9}{2}$=9÷2=4.5

(　　)月(　　)日

算数 11

小数と分数の混合計算

小数と分数が混ざった計算のときは、分数に直すのがコツ。分数を小数にすると、割り切れない場合があるから、計算できなくなってしまうんだね。

公式

分数にそろえて考えると解きやすくなる！

$$\frac{3}{10}+\boxed{0.2}=$$

↓

$$\frac{3}{10}+\boxed{\frac{2}{10}}=\frac{5}{10}=\frac{1}{2}$$

混合計算のポイント

① 小数を分数に直し、足し算・引き算の場合は通分し、分数の計算をする

② 答えが出たら、約分できる場合は約分する

問題

(　)の中にあてはまる数字を入れよう。

① $\frac{3}{2} \times 0.7 = ($　　　　　$)$

② $1.2 \times \frac{1}{2} + 1.8 = ($　　　　　$)$

③ $\frac{4}{5} \div 1.9 - 3 = ($　　　　　$)$

④ 縦0.3m、横$\frac{4}{5}$mの長方形の面積は(　　　　)㎡。

⑤ 3.5cmのひもと$4\frac{2}{3}$cmのひもをつなげたら、長さは(　　　　)cm。

解答

① $0.7=\frac{7}{10}$　$\frac{3}{2}\times\frac{7}{10}=\frac{21}{20}$　② $1.2=\frac{12}{10}=\frac{6}{5}$　$1.8=\frac{18}{10}=\frac{9}{5}$　$\frac{6}{5}\times\frac{1}{2}+\frac{9}{5}=\frac{6}{10}+\frac{9}{5}=\frac{3}{5}+\frac{9}{5}=\frac{12}{5}$

③ $1.9=\frac{19}{10}$　$3=\frac{3}{1}$　$\frac{4}{5}\div\frac{19}{10}-\frac{3}{1}=\frac{4}{5}\times\frac{10}{19}-\frac{3}{1}=\frac{40}{95}-\frac{3}{1}=\frac{8}{13}-\frac{3}{1}=\frac{8}{13}-\frac{39}{13}=-\frac{31}{13}$

④ $0.3=\frac{3}{10}$　$\frac{3}{10}\times\frac{4}{5}=\frac{12}{50}=\frac{6}{25}$　⑤ $3.5=\frac{35}{10}=\frac{7}{2}$　$\frac{7}{2}+\frac{2}{3}=\frac{21}{6}+\frac{4}{6}=\frac{25}{6}$

( )月( )日

算数

12 場合の数① 並べ方

ある条件のもとで、その事柄がいくつ発生するかを求めるのが「場合の数」。
この項目では、場合の数のうち「並べ方」について学ぶよ。

公式

樹形図

例　A、B、Cの並べ方が何通りあるかを求める場合

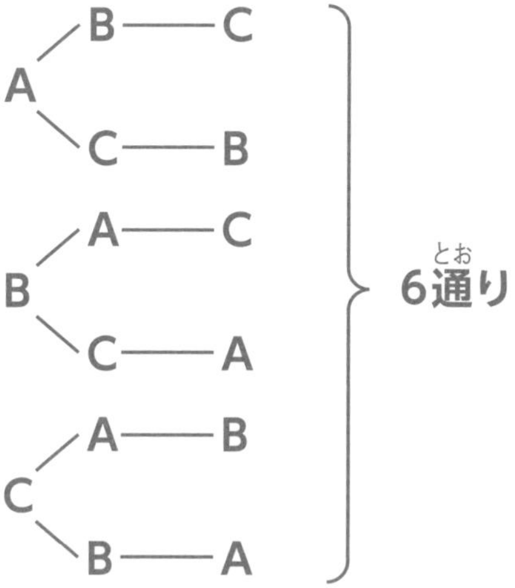

並べ方のポイント

① 「並べ方」では、複数ある物事の並び順が何通りあるか考える
② 「並べ方」は「順列」ともいい、順番が違えば別の場合として数える
③ 樹形図を書いて確認する

問題

(　)の中にあてはまる数字を入れよう。

・赤、青、黄の折り紙を横1列で並べます。

①一番左に青がくる並べ方は(　　　)通り。

②一番最後に赤がくる並べ方は(　　　)通り。

・2、5、7のカードがあります。

③この3枚のカードを使って3けたの数を作ると、
全部で(　　　)通り。

④できた数を並べて、小さい方から数えて3番目の数は
(　　　)。

⑤Aさん、Bさん、Cさん、Dさんの4人でリレーを走ります。
走る順番は全部で(　　　)通り。

解答

①青赤、青黄の2通り　②青赤、黄赤の2通り　③2×3=6通り　④小さい数から順に並べると、257、275、527、572、725、752、となるので、3番目は527　⑤Aさんが第一走者の場合の順番は6通り。6通り×4=24通り

(　　)月(　　)日

算数

13 場合の数② 組み合わせ方

ある事柄がm個あって、そこからn個を抜き出すときに何通りあるかを求めるのが「組み合わせ方」。順番が違っても同じ組み合わせなら外すよ。

公式

樹形図

例　A、B、C、Dから3つ選ぶ方法が何通りあるかを求める場合

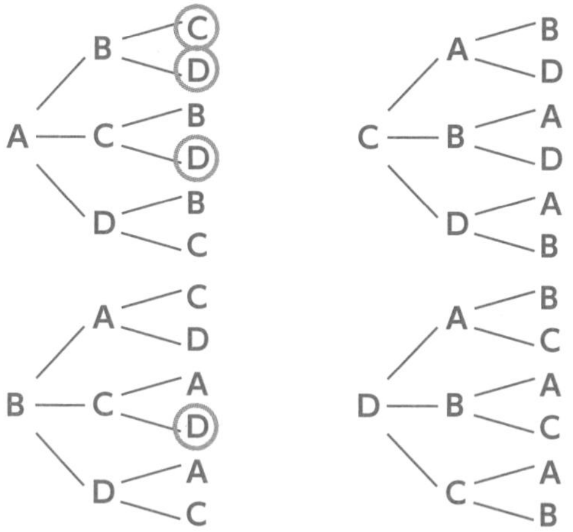

重なりもOKとして考えれば、全部で6通り×4=24通り。
ここから重なりを抜くと、全部で4通り(マル部分)。

組み合わせ方のポイント

① 「組み合わせ方」では、重複を省いた組み合わせが何通りあるかを考える
② はじめに抜き出した一つと、それに組み合わせるものがどれか、順を追って考えるといい
③ 樹形図を書く

問題

(　)の中にあてはまる数字を入れよう。

・クラスで短距離走のタイムのベスト3は、Aさん、Bさん、Cさんです。

① この中で2人が全校リレーの選手に選ばれます。
Bさんが入る選び方は(　　　　)通り。

② 全部で選び方は(　　　　)通り。

③ 1組、2組、3組、4組の計4クラスで総当たり戦をすることになりました。試合数は(　　　　)試合。

④ ♦、♠、♥、♣の4枚のカードから3枚を使って重ならないように組み合わせるとき、できるのは(　　　　)通り。

⑤ 赤、青、黄、緑、白の5色があります。
2色ずつの組み合わせは(　　　　)通り。

解答

①AさんBさん、BさんCさん、合計2通り　②AさんBさん、AさんCさん、BさんCさん、合計3通り
③1組vs2組、1組vs3組、1組vs4組、2組vs3組、2組vs4組、3組vs4組、合計6試合
④♦・♠・♥　♦・♠・♣　♦・♥・♣　♠・♥・♣、4通り
⑤赤・青、赤・黄、赤・緑、赤・白、青・黄、青・緑、青・白、黄・緑、黄・白、緑・白、10通り

( )月( )日

算数

14 「速さ」を求める公式

速さは、ある一定の時間(時間、分、秒)あたりにどれだけ進むかで、時速、分速、秒速と表されるよ。

公式

速さ＝距離÷時間

速さのポイント

① 文章題では「距離」と「時間」の数字を確認する

② 「距離」と「時間」の単位を確認する

③ 答えの単位(時速・分速・秒速／m・km)を確認する

問題

(　)の中にあてはまる数字を入れよう。

① 2時間に120km走る電車の速さは、時速(　　)km？

② 3分間に3000m走る車の速さは、分速(　　)m？

③ 桃太郎は、家を朝8時に出て、700m先にいた犬に8時10分に出会いました。桃太郎は分速(　　)mで歩いた？

④ 赤ずきんちゃんは、おばあさんの家から1kmはなれた自分の家まで、20分かけて帰ってきました。分速(　　)mで歩いた？

⑤ シンデレラの乗ったかぼちゃの馬車は、10km先のお城まで0.5時間で行きました。馬車は時速(　　)km？

解答　① 120÷2＝60　② 3000÷3＝1000　③ 700÷10＝70　④ 1km＝1000m、1000÷20＝50　⑤ 10÷0.5＝20

(　　)月(　　)日

算数

15 「距離」を求める公式

進んだ距離は、速さと時間をかけることで求められるよ。

公式

距離＝速さ×時間

距離のポイント

① 文章題では「速さ」と「時間」の数字を確認する

② 「速さ」と「時間」の単位を確認する

③ 答えの単位（m・km）を確認する

問題

(　)の中にあてはまる数字を入れよう。

① 家から駅まで、時速50kmで行くと30分かかるとき、
家から駅までの距離は(　　)km？

② 駅から図書館まで、分速60mで歩いて5分かかるとき、
駅から図書館までは(　　)m？

③ 浦島太郎を乗せた亀は、時速5kmで30分泳ぎました。
(　　)km進んだ？

④ 一寸法師は、お椀の船を分速50mで15分こぎました。
(　　)m進んだ？

⑤ 王子様は、お城から時速10kmで6分走ってシンデレラの家につきました。お城からシンデレラの家までは(　　)km？

解答　① 30分＝0.5時間、50×0.5＝25　② 60×5＝300　③ 30分＝0.5時間、5×0.5＝2.5　④ 50×15＝750　⑤ 6分＝0.1時間、10×0.1＝1

(　　)月(　　)日

算数

16 「時間」を求める公式

かかった時間は、進んだ距離を速さで割ることで求められるよ。

公式

時間＝距離÷速さ

時間のポイント

① 文章題では「距離」と「速さ」の数字を確認する

② 「距離」と「速さ」の単位を確認する

③ 答えの単位(時間・分・秒)を確認する

問題

( )の中にあてはまる数字を入れよう。

① 分速50mで歩く人が、1000m進むのにかかった時間は( )分？

② 時速70kmの車が、140km走るのにかかる時間は( )時間？

③ 3kmの距離を、亀は分速10m、うさぎは分速100mで進みました。亀は( )分、うさぎは( )分かかった？

④ 5km先にあるお寺まで、一休さんは時速10kmでダッシュしました。かかった時間は( )時間？

⑤ 孫悟空は時速30kmの觔斗雲で、15km移動しました。かかった時間は( )分？

算数

解答 ① 1000÷50＝20 ② 140÷70＝2 ③ 3km＝3000m、亀は 3000÷10＝300、うさぎは 3000÷100＝30
④ 5÷10＝0.5 ⑤ 15÷30＝0.5、0.5時間＝30

（　　）月（　　）日

算数

17 割合

二つの量を比べるときに使うのが「割合」だよ。もとにする量に対して、もう一方の比べられる量が何倍になるかを表すよ。

公式

割合＝比べられる量÷もとにする量

割合のポイント

① 「AはBの何倍ですか？」というとき、比べられる量がA

② 「AはBの何倍ですか？」というとき、もとにする量がB

③ 「〜は」「〜の」に注意する

問題

(　)の中にあてはまる数字を入れよう。

① A組で算数が好きな人は30人、B組では20人います。A組の算数が好きな人は、B組の(　　)倍？

② サッカーのシュート練習で、昨日は10本入ったのに、今日は5本でした。今日は昨日の(　　)倍？

③ 金太郎の体重は50kg、熊の体重は120kg。熊の体重は金太郎の(　　)倍？

④ ヘンゼルはクッキーを15枚食べて、グレーテルはクッキーを5枚食べました。ヘンゼルはグレーテルの(　　)倍食べた？

⑤ 鶴は、昨日10枚の布を織り、今日は25枚織りました。今日は昨日の(　　)倍織った？

解答　① 30÷20＝1.5　② 5÷10＝0.5　③ 120÷50＝2.4　④ 15÷5＝3　⑤ 25÷10＝2.5

算数 18

百分率

百分率は、割合を%に直したものだよ。まずは割合を求めてから、それを100倍すると%の数値がわかるよ。

公式

比べられる量÷もとにする量＝割合

割合×100＝百分率(%)

百分率のポイント

① 公式で求めた割合を100倍して%に直す

② 1が100%、0.1は10%、0.01は1%

③ 「%」は日本語の単位では「歩合」と言って、「割・分・厘」で表す

問題

(　)の中にあてはまる数字を入れよう。

① 30人のクラスで、算数が好きな人が15人います。
算数が好きな人は(　　)%?

② 100本のおみくじの中に、大吉が10本入っています。
大吉をひく確率は(　　)%?

③ 4回に1回当たりが出るルーレットがあります。当たる確率は
(　　)%?

④ 桃太郎の持っていた20個のきびだんごのうち、サルが5個
食べてしまいました。サルが食べたのは(　　)%?

⑤ 赤ずきんちゃんが持って行った牛乳2ℓのうち、おばあさんは
1.5ℓ飲みました。おばあさんが飲んだのは(　　)%?

解答 ① 15÷30=0.5、0.5×100=50　② 10÷100=0.1、0.1×100=10　③ 1÷4=0.25、0.25×100=25
④ 5÷20=0.25、0.25×100=25　⑤ 1.5÷2=0.75、0.75×100=75

（　　）月（　　）日

算数

19 割引・割増

割引や割増は、生活の中でよく使うものだよ。消費税の計算やバーゲンセールなどでいかせるね。

1000円の3割引

1000－(1000×0.3)＝700

1000×0.7＝700

1000円の3割増

1000＋(1000×0.3)＝1300

1000×1.3＝1300

割引・割増のポイント

① もとの数から、割合の数(3割など)を求める

② 割引は、もとの数から割合の数を引く

③ 割増は、もとの数に割合の数を足す

問題

(　)の中にあてはまる数字を入れよう。

① 700円のお弁当が1割引になったら(　　)円?

② チョコが20個入っているお菓子が、今日はチョコの数が2割増になっています。チョコは(　　)個?

③ 赤ずきんちゃんは500円のハムを3割引で買ってきました。(　　)円だった?

④ 消費税が8%から10%になりました。700円のものを買うと、消費税と合わせて(　　)円?

⑤ 一休さんは、座禅の時間を5割増にするように和尚さんに言われました。今が1時間だとすると、5割増にしたら(　　)時間?

解答 ① 700−(700×0.1)=630　② 20+(20×0.2)=24　③ 500−(500×0.3)=350　④ 700+(700×0.1)=770　⑤ 1+(1×0.5)=1.5

(　　)月(　　)日

算数

20 平均

複数の大きさの数や量を、同じ大きさに「ならした」ものを平均というよ。平均を求めると、ばらばらなものの全体の様子がわかるよ。

公式

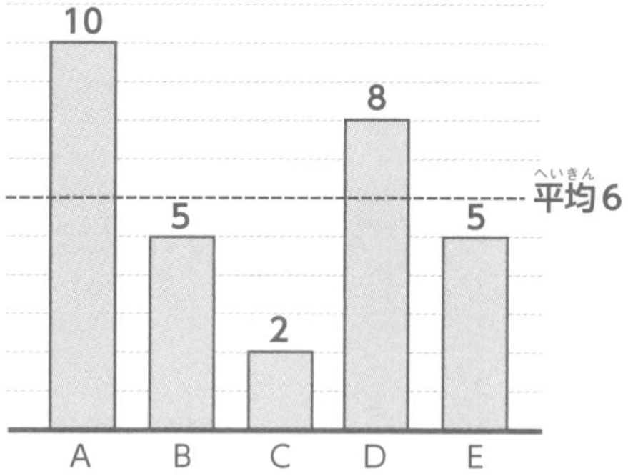

合計÷個数＝平均

平均のポイント

① 全体の合計を個数で割る

② 「個数」は回数や人数、時間などの場合がある

③ 気温や売り上げなど、先の予測にも使われる

問題

(　)の中にあてはまる数字を入れよう。

① 算数のテストで、シンデレラは50点、白雪姫は35点、親指姫は65点でした。3人の平均点は(　　)点？

② 昨日、四国で降った雨の量は、香川県は100mm、高知県は40mm、徳島県は120mm、愛媛県は30mmでした。四国の平均降水量は(　　)mm？

③ 三匹のこぶたが背比べをしました。長男のこぶたは157cm、次男のこぶたは152cm、末っ子のこぶたは150cmでした。3兄弟の平均身長は(　　)cm？

④ ランニングが日課の金太郎は、月曜日に1時間、火曜日に0.5時間、水曜日に2時間、木曜日に1.5時間、金曜日に1時間、土曜日に2時間、日曜日に2.5時間走りました。この１週間で走った平均は(　　)時間？

⑤ 今年の1年生は、1組が20人、2組が18人、3組が19人でした。各組の平均人数は(　　)人？

算数

解答　① (50＋35＋65)÷3＝50　② (100＋40＋120＋30)÷4＝72.5　③ (157＋152＋150)÷3＝153
④ (1＋0.5＋2＋1.5＋1＋2＋2.5)÷7＝1.5　⑤ (20＋18＋19)÷3＝19

(　　)月(　　)日

算数

21 倍数

ある整数Aに整数Bをかけて求められる数を、Aの倍数というよ。「○は△の2倍」と、数を比べるときにも使うね。

公式

2の倍数→1の位が偶数

3の倍数→各位の数字を足すと3で割り切れる

4の倍数→下二けたが4で割り切れる

5の倍数→1の位が0か5

倍数のポイント

① 「Aの倍数」は、必ずAで割り切れる

② 「○倍」というときの○は整数

③ 「かけ算の九九」は一けたの倍数のすべて

問題(もんだい)

(　)の中(なか)にあてはまる数字(すうじ)をすべて入(い)れよう。

① 10までの数(かず)で、2の倍数(ばいすう)は(　　　　　　　　　　)?

② 10までの数(かず)で、3の倍数(ばいすう)は(　　　　　　　　　　)?

③ 30までの数(かず)で4の倍数(ばいすう)は(　　　　　　　　　　)?

④ 30までの数(かず)で5の倍数(ばいすう)は(　　　　　　　　　　)?

⑤ 12は(　)と(　)と(　)と(　)と(　)と(　)の倍数(ばいすう)?

解答(かいとう) ①2、4、6、8、10 ②3、6、9 ③4、8、12、16、20、24、28 ④5、10、15、20、25、30 ⑤1、2、3、4、6、12

（　　）月（　　）日

算数

22 公倍数・最小公倍数

二つ以上の整数に、共通な倍数を「公倍数」というよ。公倍数の中で、一番小さい数は「最小公倍数」というよ。

公式

2と3の公倍数→6、12、18、24、30、…

2と3の最小公倍数＝6

3と4の公倍数→12、24、36、48、60、…

3と4の最小公倍数＝12

4と5の公倍数→20、40、60、80、100、…

4と5の最小公倍数＝20

公倍数・最小公倍数のポイント

① 最小公倍数は一つ、倍数は無限にある

② 公倍数は大きい数の倍数から考えると見つけやすい

③ 公倍数は、最小公倍数の倍数

問題

(　)の中にあてはまる数字を入れよう。

① 3と4の公倍数で、小さいものから6番目の数は(　　)?

② 7と13の公倍数で、小さいものから2番目の数は(　　)?

③ 1から100の中で、12の倍数は(　　)個?

④ 4と9の最小公倍数は(　　)?

⑤ 8と12の最小公倍数は(　　)?

算数

解答　① 12、24、36、48、60、72　② 91、182　③ 12、24、36、48、60、72、84、96の8個　④ 36　⑤ 24

(　　)月(　　)日

算数

23 約数

整数Aを、割り切れる整数Bのことを「約数」というよ。この場合、「BはAの約数」と表すね。

公式

2の約数→1、2

3の約数→1、3

4の約数→1、2、4

5の約数→1、5

6の約数→1、2、3、6

7の約数→1、7

8の約数→1、2、4、8

9の約数→1、3、9

約数のポイント

① 1はすべての整数の約数、偶数の約数には必ず2がある

② 約数は、割った「あまり」が出ない数

③ 約数と倍数は「6の約数は2、2の倍数が6」という関係にある

問題

(　)の中にあてはまる数字を入れよう。

① 12の約数は(　　　　　　　　　　　　)？

② 45の約数は(　　　　　　　　　　　　)？

③ 20の約数は(　　　)個？

④ 96の約数は(　　　)個？

⑤ 54の約数の5番目は(　　　)？

解答　①1、2、3、4、6、12　②1、3、5、9、15、45　③1、2、4、5、10、20の6個　④1、2、3、4、6、8、12、16、24、32、48、96の12個　⑤1、2、3、6、9

(　　)月(　　)日

算数

24 公約数・最大公約数

二つ以上の整数に、共通な約数を「公約数」というよ。公約数の中で、一番大きい数を「最大公約数」というよ。

公式

2と4の公約数→1、2
2と4の最大公約数→2

4と8の公約数→1、2、4
4と8の最大公約数→4

3と6の公約数→1、3
3と6の最大公約数→3

5と10の公約数→1、5
5と10の最大公約数→5

公約数・最大公約数のポイント

① 1はすべての整数の公約数、偶数同士の公約数には必ず2がある
② 公約数は、最大公約数の約数になっている
③ 「小さい方の数の約数→大きい方の数の約数」の順に考え、公約数を見つけるとよい

問題

(　)の中にあてはまる数字を入れよう。

① 18と24の公約数は(　　　　　　　　)?

② 32と48の3番目の公約数は(　　)?

③ 16と48の最大公約数は(　　)?

④ 36と54の最大公約数は(　　)?

⑤ 63と81の最大公約数は(　　)?

解答　①1、2、3、6　②1、2、4　③1、2、4、8、16　④1、2、3、6、9、18　⑤1、3、9

3 章(しょう)

理科(りか)

（　　）月（　　）日

理科

01 水の変化

問題

次の言葉の説明として正しいものをア～オから選んで線で結ぼう。

①〔液体〕	ア 固くて形のあるもの
②〔固体〕	イ 体積はあるけど、形はない
③〔気体〕	ウ 水が蒸発して気体になったもの、スチーム
④〔水蒸気〕	エ 液体が時間をかけて気体になること
⑤〔蒸発〕	オ 一定の体積も形もない

【解説】

①水や油などのこと。容器によって形が変わるね。加熱すると気体になり、冷やすと固体になるよ。

②結晶など。力を加えても、かんたんには形は変わらないよ。加熱すると液体になるね。

③酸素、窒素、水素など。冷やすと液体になり、さらに冷やすと固体になるよ。

④無色透明なので、見えないよ。気温が高くなるほど空気中の水蒸気は多くなるんだ。

⑤液体の表面から気体になっていくのが「蒸発」。液体の中から気体になるのは「沸騰」だよ。

解答　①イ　②ア　③オ　④ウ　⑤エ

⑥〔 酸性 〕・　　・ア リトマス紙の色は変わらない

⑦〔 アルカリ性 〕・　　・イ 赤色リトマス紙が青になる

⑧〔 中性 〕・　　・ウ 水滴として見える水蒸気

⑨〔 結晶 〕・　　・エ 青色リトマス紙が赤になる

⑩〔 湯気 〕・　　・オ 原子や分子が規則正しく並んでいる物質

【解説】

⑥塩酸、お酢、炭酸水、レモン汁など。BTB溶液を入れると黄色になるよ。

⑦石灰水、アンモニア水、せっけん水など。BTB溶液を入れると青色になるよ。

⑧食塩水、砂糖水、水など。BTB溶液を入れると緑色になるよ。

⑨ルビー、ダイヤモンド、エメラルドのような宝石は、鉱物の大きな結晶なんだよ。

⑩水蒸気は気体だから見えないけど、湯気は見えるよ。霧や雲も、湯気の仲間だね。

解答 ⑥エ ⑦イ ⑧ア ⑨オ ⑩ウ

⑪〔 雲 〕・　・ア 氷のつぶが結晶のまま落ちるもの

⑫〔 雨 〕・　・イ 空気中の水蒸気が氷となったもの

⑬〔 雪 〕・　・ウ 大気中の水や氷のつぶが見える状態になったもの

⑭〔 つゆ 〕・　・エ 空気中の水蒸気が水滴となったもの

⑮〔 しも 〕・　・オ 水や氷のつぶが大きくなって地上に落ちるもの

【解説】

⑪雲をつくる水滴は0.01～0.02㎜くらい。その水滴はゆーっくりと落ちて、途中で蒸発するから地面には届かないよ。

⑫地面から蒸発した水蒸気が雲になって、雲が雨になってまた地面にもどるよ。

⑬雪の結晶は基本的には六角形だけど、六角柱や多面体のものもあって、同じ形はないよ。

⑭空気中の水蒸気が、夜になって冷えた物にくっついて水滴になったものだよ。

⑮空気中の水蒸気が冷たくなって、氷の結晶になったもの。「霜がおりる」というよ。

解答　⑪ウ　⑫オ　⑬ア　⑭エ　⑮イ

齋藤孝先生の

「物質の三態」は、しっかりと覚えておこう！

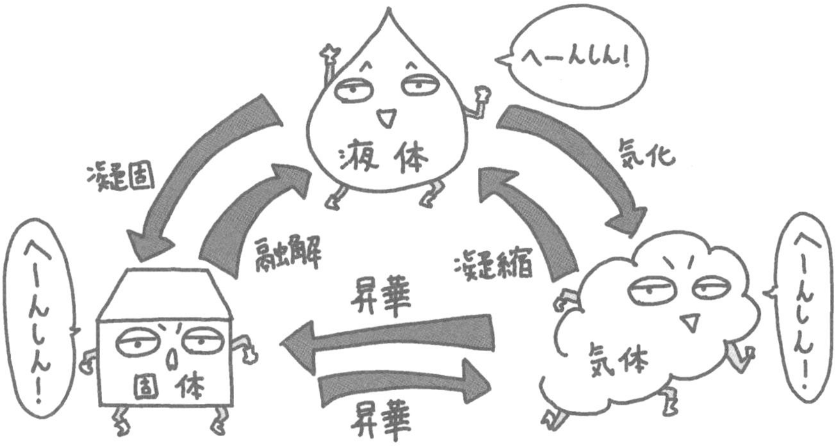

物質は、まわりの温度や圧力の変化によって、気体・液体・固体と変わるよ。これを「物質の三態」というんだ。気体が液体になることは**「凝縮」**、液体が固体になることは**「凝固」**というよ。逆に、固体が液体になることは**「融解」**、液体が気体になることは**「気化」**というよ。また、固体から一気に気体になること、気体から一気に固体になることは**「昇華」**というよ。固体が昇華して気体になる例としては、ドライアイスがあるね。

固体が液体に変化するときの温度を**「融点」**といって、液体が固体になるときの温度を**「凝固点」**という。同じ物質の場合、融点と凝固点は同じになるよ。

熱いお茶などから白い湯気が立っていることがあるけど、これはお茶から蒸発した水蒸気がまわりの空気にふれることで冷えて、細かい水滴になるため。だから、白く見えるんだね。湯気とは「水蒸気」が水滴になったものなんだ。

（　　）月（　　）日

理科

02 月の満ち欠け

問題

次の言葉を表す絵として正しいものをア〜オから選んで線で結ぼう。

①［　新月　］・　　・ア 

②［　三日月　］・　　・イ 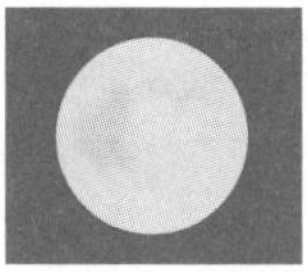

③［　上弦の月　］・　　・ウ 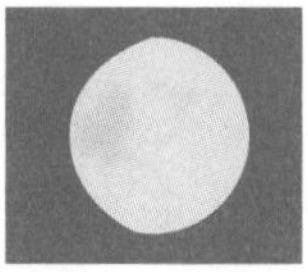

④［　十三夜　］・　　・エ 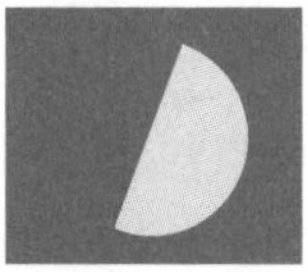

⑤［　満月　］・　　・オ 

【解説】

①日の出とともに東からのぼり、日の入りとともに西にしずむ。地球からは見えない。

②その月の一番初めに見える月。「初月」「若月」という呼び名もある。

③新月から7日目の月。満月の半分で、弓の形に似ているため、「半月」「弓張り月」とも呼ぶ。

④新月から13日目の月。昔は満月に次いで美しいとされていた。

⑤新月から15日目のもっとも丸い状態の月。「望月」とも呼ばれる。日の入りに東からのぼり、日の出ごろに西にしずむ。

解答　①オ　②ア　③エ　④ウ　⑤イ

⑥〔 十六夜 〕・　・ア 

⑦〔 立待月 〕・　・イ 

⑧〔 居待月 〕・　・ウ 

⑨〔 寝待月 〕・　・エ 

⑩〔 下弦の月 〕・　・オ 

【解説】

⑥「満月よりもためらっているように遅く出てくる」という意味で、「ためらう」という意味の「いざよい」と呼ぶ。

⑦新月から17日目の月。「十六夜」よりもさらに遅く月が出るので、「月が出るのは今かと立って待つ月」という意味。

⑧新月から18日目の月。「立待月」よりさらに遅く出るので、「座って待つ月」という意味。

⑨新月から19日目の月。「寝て待つ月」という意味で別名「臥待月」（横になって待つ月）。

⑩新月から23日目の月。満月から新月へと月が細くなっている間の真ん中の月。深夜に東からのぼり、正午ごろに西にしずむ。

解答　⑥エ　⑦ウ　⑧オ　⑨イ　⑩ア

⑪［　皆既月食　］・　　・ア

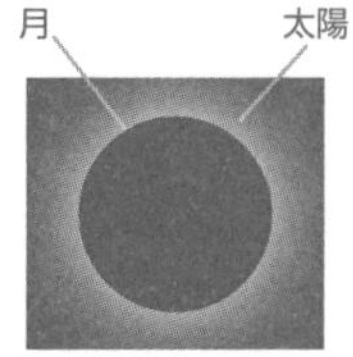

⑫［　部分月食　］・　　・イ

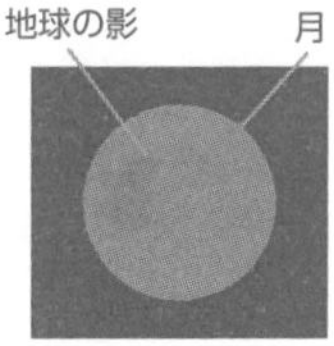

⑬［　皆既日食　］・　　・ウ

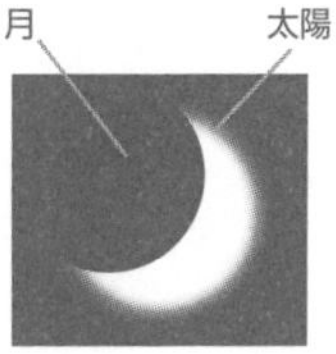

⑭［　部分日食　］・　　・エ

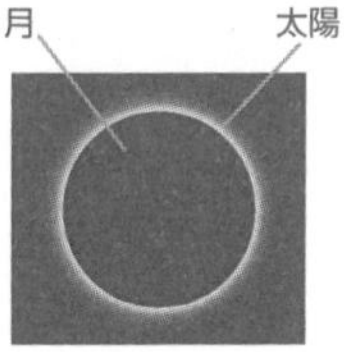

⑮［　金環日食　］・　　・オ

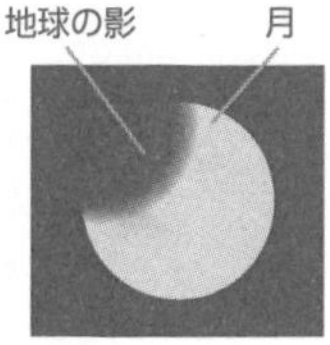

【解説】

⑪地球が太陽と月の間に入り、月が地球の影にかくれてしまって見えなくなること。

⑫地球が太陽と月の間に入り、月の一部分が地球の影にかくれてしまうこと。

⑬月が太陽と地球の間に入り、太陽が月の影にかくれてしまうこと。

⑭月が太陽と地球の間に入り、太陽の一部分が月の影にかくれてしまうこと。

⑮月が太陽と地球の間に入るが、月から太陽がはみ出して見えること。

解答　⑪イ　⑫オ　⑬ア　⑭ウ　⑮エ

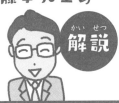

齋藤孝先生の解説

昔の人は月を見て日にちを把握していたんだ

　月は、約１か月かけて地球のまわりを回っているよ。太陽が月を照らしているから地球から月が見えるんだけど、その月が動いているから、地球から見える範囲が日々変わっていく。これが月の満ち欠け。難しい言葉で言うと、**「朔望」**というんだ。「朔」は太陰太陽暦の１日のこと、「望」は太陰太陽暦の15日のことだよ。地球から見て、月と太陽が同じ方向にあるときは、月は見えないので新月（朔）。月と太陽が反対の方向にあるときは、地球から月が全部見えるので満月（望）。月と太陽が直角になる位置にあるときは、月は半分しか見えないので半月（上弦・下弦）。

　月は、毎晩少しずつ形を変えるよ。月の形自体が変わるのではなく、地球から見える月の範囲が変わる、ということだね。新月からスタートして三日月→半月→満月→半月→三日月→新月と戻るまでは約29.5日。昔々、まだカレンダーがなかったころ、人々は月を見て「今日は一日」とわかったんだ。月は生活になくてはならないものだったんだね。

(　　)月(　　)日

理科

03 体のはたらき

問題

次の言葉の説明として正しいものをア～オから選んで線で結ぼう。

①【 目 】	ア 全身に血液を送る臓器
②【 胃 】	イ 光の刺激を感じる感覚器官
③【 心臓 】	ウ 食道と腸の間の消化器官
④【 肺 】	エ すい液やインスリンを分泌する
⑤【 すい臓 】	オ 呼吸をするための器官

【解説】

①黒目の中のさらに黒い円形は瞳孔という。人間が得る情報の8割は目から入ってくるといわれているよ。

②胃の中は約37℃。胃液は酸性だから、37℃でも胃の中のものはくさらないよ。

③全身からの血液を肺に送る右心房・右心室、肺から全身に血液を送る左心房・左心室があるよ。

④人間のエネルギーを作る酸素を取り込むという、大事な役割があるよ。

⑤すい液は消化液、インスリンは血液中の血糖値を下げるホルモンだよ。

解答　①イ　②ウ　③ア　④オ　⑤エ

⑥〔　十二指腸（じゅうにしちょう）　〕・　・ア 胆汁（たんじゅう）をためておくところ

⑦〔　肝臓（かんぞう）　〕・　・イ 不要（ふよう）なものを尿（にょう）として出（だ）す

⑧〔　腎臓（じんぞう）　〕・　・ウ 栄養（えいよう）をたくわえたり老廃物（ろうはいぶつ）を分解（ぶんかい）したりする

⑨〔　胆（たん）のう　〕・　・エ 食（た）べ物（もの）の消化（しょうか）や吸収（きゅうしゅう）を行（おこな）う器官（きかん）

⑩〔　小腸（しょうちょう）　〕・　・オ 小腸（しょうちょう）の先頭（せんとう）にあり、消化（しょうか）を進（すす）める

【解説（かいせつ）】

⑥十二指腸（じゅうにしちょう）は約（やく）25㎝で、大人（おとな）の指（ゆび）12本分（ほんぶん）の長（なが）さがあるからついた名前（なまえ）だよ。

⑦臓器（ぞうき）の中（なか）でもっとも大（おお）きく、重（おも）さは約（やく）1～1.5kgくらいあるよ。

⑧腎臓（じんぞう）は背中側（せなかがわ）に二（ふた）つあるよ。人間（にんげん）の体（からだ）の約（やく）60%を占（し）める水分（すいぶん）をきれいにする役割（やくわり）があるよ。

⑨肝臓（かんぞう）の下（した）にあって、肝臓（かんぞう）から分泌（ぶんぴつ）される胆汁（たんじゅう）をためておく器官（きかん）。袋（ふくろ）のようになっているよ。

⑩小腸（しょうちょう）の内側（うちがわ）には「じゅう毛（もう）」という突起（とっき）があるよ。人間（にんげん）の小腸（しょうちょう）は約（やく）6～7m。

理（り）科（か）

解答（かいとう）　⑥オ　⑦ウ　⑧イ　⑨ア　⑩エ

⑪〔 大腸 〕

⑫〔 大動脈 〕

⑬〔 大静脈 〕

⑭〔 肺動脈 〕

⑮〔 肺静脈 〕

ア 肺から心臓に血液を運ぶ

イ 心臓から肺に血液を運ぶ

ウ 食べ物の水分を吸収し、繊維質を分解する

エ 血液を集めて右心房に運ぶ

オ 左心室から全身に血液を運ぶ

【解説】

⑪大腸を経て残ったかすなどが大便となるよ。大腸の中には約1000種類もの細菌がすんでいて、善玉菌や悪玉菌がいるよ。

⑫人間の大動脈は直径2～3㎝。心臓から勢いよく出る血液が大量に流れている。

⑬上半身からの血液は上大静脈を通り、下半身からの血液は下大静脈を通って右心房に戻るよ。

⑭肺動脈の中を流れる血液は、全身をめぐって酸素が少なくなった静脈血だよ。

⑮酸素をたくさん含んだ血液を心臓に運び、また大動脈から全身に運ばれていくよ。

解答 ⑪ウ ⑫オ ⑬エ ⑭イ ⑮ア

齋藤孝先生の

食べ物の消化の仕組み、きちんと理解しているかな？

人間や動物が生きるためのエネルギーは、主に食べ物を**消化**（食物を歯でくだいたり、体内で分解したりして吸収しやすくすること）して栄養分を吸収し、作り出しているんだよ。だから、しっかり食べることは必要なことなんだ。

口から食べた物は、食道を通って胃、十二指腸、小腸、大腸に運ばれ、排泄物が肛門から外に出るんだ。この、口から肛門までをつなぐ管を**「消化管」**というよ。食物を消化するために分泌される液体を**「消化液」**といって、いくつかあるんだ。口から出る消化液は**「だ液」**、胃から出るのは**「胃液」**、胆のうから出るのは**「胆汁」**、すい臓で作られるのは**「すい液」**。小腸はラストの消化器官で、小腸の壁から出る消化酵素はデンプンとタンパク質を最終的に分解するよ。栄養分の吸収は主に小腸で行う。大腸には、小腸で吸収されなかった水分を吸収して便をつくる役割があるよ。

理科

04 元素

問題

次の言葉の説明として正しいものをア～オから選んで線で結ぼう。

① [水素]・　・ア 空気の体積の約78%を占める気体

② [酸素]・　・イ 強い刺激臭があって、有毒の気体

③ [炭素]・　・ウ タンパク質などに含まれる

④ [窒素]・　・エ 無色、無味、無臭でもっとも軽い気体

⑤ [塩素]・　・オ 燃焼や動物の呼吸作用にかかわる

【解説】

①元素記号H。水や化合物として自然界に広く存在しているよ。元素の中で一番かんたんな構造なんだ。

②元素記号O。空気中の体積の約20%を占める。地球上でもっとも多くある元素だよ。

③元素記号C。二酸化炭素や炭水化物などに含まれている。性質は違うけどダイヤモンドも仲間だよ。

④元素記号N。空気より少し軽い。液体窒素は保冷剤などに使われているよ。

⑤元素記号Cl。常温では黄緑色。酸化力があるので、漂白剤や殺菌剤に使われているよ。

解答 ①エ ②オ ③ウ ④ア ⑤イ

⑥〔 リチウム 〕・ ・ア 無色、無臭で水素の次に軽い気体。気球にも使われる

⑦〔 ヘリウム 〕・ ・イ 植物の葉緑素に含まれる

⑧〔 ナトリウム 〕・ ・ウ 金属元素の中でもっとも軽い。電池にも使われる

⑨〔 マグネシウム 〕・ ・エ 放電管に入れると赤色になる

⑩〔 ネオン 〕・ ・オ 海水や岩塩の中に含まれる

【解説】

⑥元素記号Li。銀白色でやわらかい金属。花火の材料やリチウム電池に使われるよ。

⑦元素記号He。空気中ではすごく少ないよ。気球や風船に入れるガスとして使われるね。

⑧元素記号Na。銀白色で光沢がある。動物の血液にも含まれているよ。生物に必要な元素だね。

⑨元素記号Mg。人間の体液や骨、筋肉、脳にもあって、生きるうえで重要な元素だよ。

⑩元素記号Ne。空気中に少なく、無色、無味、無臭の気体。ネオンランプなどに使われるよ。

解答 ⑥ウ ⑦ア ⑧オ ⑨イ ⑩エ

⑪〔アルミニウム〕・　　・ア 赤い色で光沢のある金属

⑫〔硫黄〕・　　・イ 熱や電気をよく通す美しい光沢のある金属

⑬〔金〕・　　・ウ 黄金色でやわらかく、輝きのある金属

⑭〔銀〕・　　・エ もろくて黄色い結晶

⑮〔銅〕・　　・オ 銀白色の軽くてやわらかな金属

【解説】

⑪元素記号Al。空気中で劣化しにくく、加工しやすいため食器やアルミはくなど多くのものに使われるよ。

⑫元素記号S。水に溶けず、熱や電気を通しにくく、燃えるときは青い炎が出るよ。

⑬元素記号Au。金は空気中でさびることはないよ。13世紀ごろは日本でも金がたくさんとれたよ。

⑭元素記号Ag。『旧約聖書』にも出てくる金属。大和言葉では「白銀」と呼んでいたよ。

⑮元素記号Cu。湿った空気の中では緑青というさびが表面に出るよ。

解答 ⑪オ ⑫エ ⑬ウ ⑭イ ⑮ア

齋藤孝先生の
解説

キミの体もエンピツも原子が基になってできている！

原子なんだー！
それも
これも
あれも

ノートや鉛筆、水や10円玉など、すべてのものは**「原子」**が基になってできているよ。じゃあ、「原子」と「元素」はどう違うか？　原子は物質を形づくっているひとつひとつの粒のこと。元素は、その原子の種類の呼び名だよ。水は、「酸素という元素名の原子一つと、水素という元素名の原子二つからできている」ということになるんだ。

原子の直径はおおむね0.1nm（ナノメートル）で、これは1mmの100万分の1くらい。とほうもなく小さいことがわかるね。原子の中身がどうなっているかというと、原子の中心には**原子核**があるんだ。原子核の中には、プラスの電気をおびている**陽子**と、電気をおびていない**中性子**があるよ。また、原子核のまわりにはマイナスの電気をおびた**電子**が回っているんだ。陽子（プラス）と電子（マイナス）の数は同じで、電気の量も同じ。プラスとマイナスが同じ数だから、原子はバランスがとれているんだね。

（　　）月（　　）日

理科

05 動物

問題

次の言葉の説明として正しいものをア～オから選んで線で結ぼう。

①［肉食動物］
②［草食動物］
③［恒温動物］
④［変温動物］
⑤［脊椎動物］

ア 植物を主に食べる動物
イ 脊椎（背骨）のある動物
ウ 外の温度で体温が変わる動物
エ 体温が一定に保たれている動物
オ 動物性の肉を主に食べる動物

【解説】

①ライオンやワニ、死体の肉を食べるハゲワシ、水中の動物プランクトンを食べるものも肉食動物だよ。

②ゾウもコアラも草食動物だよ。肉食動物と比べて消化管が長い動物が多いね。

③定温動物ともいう。鳥類とほ乳類で、ヒトも恒温動物。ニワトリは42℃、ネコは39℃、イヌは38-39℃だよ。

④鳥類・ほ乳類以外のほとんどが変温動物。適温の場所に移動したり、冬眠したりするよ。

⑤頭・胴・尾・四肢（前脚と後脚）で構成されていて、胴には心臓や消化器官があるよ。

解答 ①オ ②ア ③エ ④ウ ⑤イ

⑥〔 無脊椎動物 〕	ア うろこや甲羅でおおわれ、肺呼吸する	⑥世界に130万種以上いて、動物の約95%を占めているよ。タコ、イカ、エビ、カニなどだね。
⑦〔 ほ乳類 〕	イ 脊椎(背骨)のない動物	⑦ヒト、イヌ、ネコ、コウモリ、アザラシ、クジラなど。カンガルーはほ乳類の中の有袋類だよ。
⑧〔 鳥類 〕	ウ からだの表面が羽毛でおおわれている	⑧鳥は聴覚と視覚がとくに発達していて、色を見分けることもできるものが多いよ。
⑨〔 は虫類 〕	エ 魚類とは虫類のあいだ	⑨乾燥に強く、脱皮しながら成長していくよ。カメ、ワニ、トカゲ、ヘビなどがいるよ。
⑩〔 両生類 〕	オ 母親が子どもに乳を与えて育てる	⑩カエルやイモリなど、幼いときは水中でえら呼吸、成長すると陸上で肺呼吸するものもいるよ。

【解説】

理科

解答 ⑥イ ⑦オ ⑧ウ ⑨ア ⑩エ

⑪〔 魚類 〕	ア 頭、胸、腹からなり、甲殻でおおわれている	
⑫〔 昆虫類 〕	イ ひれを使って動き、えらで呼吸する	
⑬〔 甲殻類 〕	ウ 脚が8本、目が8個ある。糸を出す。	
⑭〔 くも類 〕	エ 体節(体の節)ごとに足がある	
⑮〔 多足類 〕	オ 頭、胸、腹からなり、触角がある	

【解説】

⑪淡水に住むのは淡水魚、海水に住むのは海水魚。淡水と海水を行き来する回遊魚もいるよ。

⑫卵から成虫になるまでに姿を変えるのは変態。何回か脱皮して成虫になるのは完全変態というよ。

⑬頭と胸が一体になっているものが多いよ。ほとんどが水中で暮らしていて、えら呼吸するよ。

⑭大きさは0.5～100㎜までいる。絶滅危惧種に指定されているものも多いよ。

⑮ムカデやヤスデが多足類。ムカデは肉食で、ヤスデは植物を食べるよ。

解答 ⑪イ ⑫オ ⑬ア ⑭ウ ⑮エ

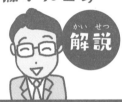

齋藤孝先生の解説

食物連鎖のピラミッド、わかるかな？

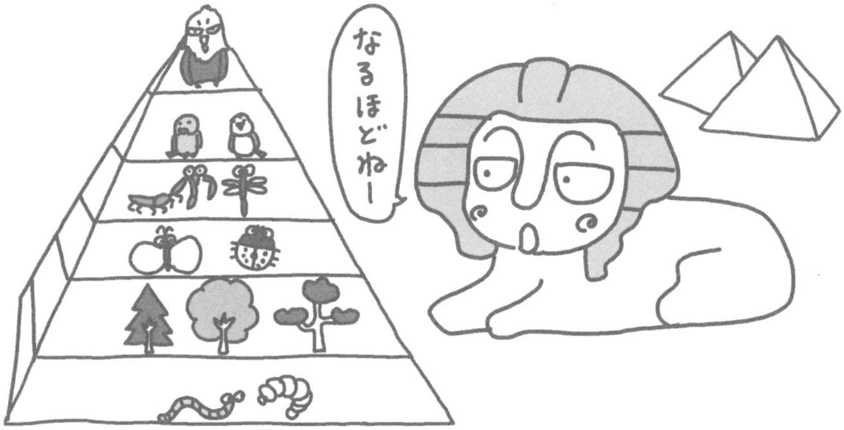

食物連鎖とは、生きものがそれぞれを食べたり食べられたりしてつながっている関係のことをいうよ。太陽の光によって光合成をしたり、二酸化炭素や窒素などの無機物（生命や生活をもたないもの）によって栄養を作り出す植物を**「生産者」**と呼び、その生産者を食べる**「一次消費者」**がバッタなどの昆虫や草食動物だね。「一次消費者」を食べるのが**「二次消費者」**、「二次消費者」を食べるのが**「三次消費者」**……と続いていき、一般的には**「六次消費者」**までとされているよ。そして、生きものの死がいや排出物を分解する微生物などは**「分解者」**という。**「分解者」**が分解した無機物を、「生産者」が養分として吸収して成長し、「一次消費者」へとつながっていくんだ。

生態系（生物と環境を一体とするシステム）は食物連鎖によって成り立っているから、動物が絶滅したり、極端に増えすぎたりするとよくないんだね。

（　　）月（　　）日

理科

06 植物①

問題

次の言葉の説明として正しいものをア〜オから選んで線で結ぼう。

①［　発芽　］・　　・ア 種子を包む皮

②［　胚　］・　　・イ 発芽するときの最初の葉

③［　子葉　］・　　・ウ 生物が、発生を始めたばかりの初期段階のこと

④［　胚乳　］・　　・エ 植物の種子の中にある根、茎、葉になるもの

⑤［　種皮　］・　　・オ 発芽のための養分をたくわえているところ

【解説】

①休眠状態の種子が生長すること。また、花粉や胞子が活動を始めることをいうよ。

②植物では種子の中にあって芽となって生長する。

③被子植物では子葉は1枚か2枚。無胚乳種子は、子葉の中に養分をためているよ。

④胚乳がないものは無胚乳種子という。コーヒー豆やココナッツ、ピーナッツは種子の胚乳の部分だよ。

⑤裸子植物では1枚、被子植物では1〜2枚あって、2枚のものは内種皮・外種皮と区別するよ。

解答　①ウ　②エ　③イ　④オ　⑤ア

⑥〔 デンプン 〕

⑦〔 子房 〕

⑧〔 果実 〕

⑨〔 光合成 〕

⑩〔 葉緑素 〕

ア 光合成をする植物が持つ緑色の色素

イ 種子植物の子房が成熟したもの

ウ 光のエネルギーで有機化合物を作ること

エ 光合成で作られる炭水化物

オ 多くは、めしべの下にあるふくらみの部分

【解説】

⑥米、イモ、とうもろこしなどに多く含まれているよ。動物にとってのエネルギー源だよ。

⑦子房の中には種子のもとになる胚珠があって、これが受精すると果実になるよ。

⑧リンゴやミカンなど水分を含むものが多いけど、稲のように乾燥した果実もあるよ。

⑨植物が太陽のエネルギーで二酸化炭素と水から炭水化物を作り、酸素を放出することだよ。

⑩クロロフィルともいうよ。植物の葉緑体という色素体の中に含まれているよ。

解答 ⑥エ ⑦オ ⑧イ ⑨ウ ⑩ア

⑪〔 蒸散 〕・

⑫〔 プランクトン 〕・

⑬〔 紅葉・黄葉 〕・

⑭〔 葉脈 〕・

⑮〔 年輪 〕・

・ア 葉の面にある筋

・イ 植物の水分が水蒸気となって外に出ること

・ウ 木を横に切ったときに見える輪

・エ 落葉樹の葉が落ちる前に赤(黄色)くなること

・オ 水中でただよっている生物

【解説】

⑪葉の裏面にある気孔という小さな穴を通じて行われることが多いよ。

⑫泳ぐ力がなく、小さいものからクラゲまでいる。動物プランクトンと植物プランクトンがいるよ。

⑬葉に水分がいかなくなって葉緑素が分解されて、デンプンが赤い色素に変化するからだよ。

⑭根からとり入れた水や養分を茎から葉に送り、葉で作った合成物を送る道だよ。

⑮1年で一つの輪ができる。熱帯のように1年で気温の差がないところでは年輪はできないよ。

解答 ⑪イ ⑫オ ⑬エ ⑭ア ⑮ウ

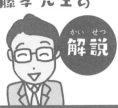

齋藤孝先生の解説

植物の種類、どれだけ言えるかな？

種子（種）によって生長し増えていく植物を**「種子植物」**といって、多くの植物が種子植物なんだ。種子植物には被子植物と裸子植物があって、被子植物は**「胚珠」**という種子になる部分が子房の中にあって見えないもの。アサガオやタンポポなどは、被子植物だね。被子植物の中で、子葉が１枚のものは**「単子葉植物」**、子葉が２枚のものは**「双子葉植物」**。子葉のない**「無子葉植物」**もあるよ。被子植物に対して、裸子植物は胚珠がむき出しになっているもの。マツやイチョウなどの樹木が裸子植物だよ。

双子葉の被子植物で、葉が広くて平らのものは**「広葉樹」**というよ。ブナの木のように葉が落ちる広葉樹は**「落葉広葉樹」**、ツバキのように葉が落ちないのは**「常緑広葉樹」**というんだ。同じように双子葉の裸子植物で、細くてかたい葉をもつスギなどは**「針葉樹」**というよ。針葉樹ではどちらかというと、落葉樹より常緑樹が多いね。

(　　)月(　　)日

理科

07 植物②

問題

次の言葉の説明として正しいものをア〜オから選んで線で結ぼう。

①〔 めしべ 〕・

②〔 おしべ 〕・

③〔 花弁 〕・

④〔 がく 〕・

⑤〔 花粉 〕・

・ア 花粉を作るところ

・イ おしべにできる生殖細胞

・ウ 花粉を受けて種子を作る

・エ 花びらのこと

・オ 花弁の外側にあるもの

【解説】

①花の真ん中にあって、花粉のつく頂上を柱頭、中間を花柱、下を子房というよ。

②花粉を作る袋のような「やく」と「花糸」からできている。雄ずいともいうよ。

③花弁はめしべやおしべを守る役割がある。花弁が集まったものを花冠というよ。

④がくには花を守る役割があるんだ。通常は緑色をしているよ。

⑤粉状で、形や色は様々。40分の1㎜〜10分の1㎜くらいの粉だよ。

解答 ①ウ ②ア ③エ ④オ ⑤イ

⑥〔 受粉 〕●　　● ア 水の流れなどによって花粉がめしべに運ばれる花

⑦〔 虫媒花 〕●　　● イ 風によって花粉がめしべに運ばれる花

⑧〔 風媒花 〕●　　● ウ 鳥によって花粉がめしべに運ばれる花

⑨〔 水媒花 〕●　　● エ 昆虫によって花粉がめしべに運ばれること

⑩〔 鳥媒花 〕●　　● オ おしべの花粉がめしべの柱頭につくこと

【解説】

⑥種子植物では、受粉したあとで、雌性配偶子（生殖細胞）が雄性配偶子とくっついて受精するよ。

⑦ユリや桜は虫媒花だよ。粘液などによって、花粉が虫につきやすくなっているよ。

⑧花粉症のもとになるスギやヒノキは風媒花だよ。ねばり気がないから、風に乗りやすいんだ。

⑨水中や湿地で暮らす水生植物は水媒花だね。水の流れにのるものとしずんで受粉するものがあるよ。

⑩メジロやウグイスは花粉を運ぶ鳥。鳥媒花の花弁は、虫を引きつけるために鮮やかな色をしているよ。

解答　⑥オ　⑦エ　⑧イ　⑨ア　⑩ウ

⑪〔 人工授粉 〕・　・㋐ 一つの花にめしべとおしべのどちらかがある

⑫〔 自家受粉 〕・　・㋑ 人間が花粉をめしべにつけること

⑬〔 他家受粉 〕・　・㋒ 他の株の花粉がめしべについて受粉すること

⑭〔 両性花 〕・　・㋓ 一つの植物体の中で受粉すること

⑮〔 単性花 〕・　・㋔ 一つの花にめしべとおしべがある

【解説】

⑪自然には受粉しにくいときや、品種改良のために人工授粉をすることがあるよ。

⑫同じ花の中で、おしべの花粉がめしべについて受粉が行われる花のことだよ。

⑬植物全体では、他家受粉の方が多い。花粉は虫、風、水などに運んでもらうよ。

⑭桜やアブラナなどは両性花。完全花、雌雄同花ともいうよ。

⑮めしべだけがあるものを雌花、おしべだけがあるものを雄花というよ。

解答 ⑪イ ⑫エ ⑬ウ ⑭オ ⑮ア

齋藤孝先生の解説

「虫を食べちゃう植物」って知っているかな？

ちょっとここで、変わった植物の話。植物は食物連鎖の生産者で、無機物を取り入れると言ったんだけど、例外的なものもあるんだ。それは**食虫植物**。昆虫などの小動物をつかまえて食べる被子植物のことだよ。世界では約600種、日本でも20種くらいあるよ。

植物は動かないのに、動いている虫をどうつかまえるのか、不思議だよね？　食虫植物は、ふつうの植物にはない“しかけ”を持っているんだ。食虫植物が虫をつかまえる主な方法は三つ。一つは**「鳥もち式」**。葉の先からネバネバした粘液を出して、葉に止まった虫をからめとる方法だよ。二つめは**「わな式」**。葉の中に虫が入ったのを感知すると、パッと閉じ込める方法。植物には目がないから、見て確認できない分、葉の感覚が敏感なんだね。三つめの方法は**「落とし穴式」**。袋みたいになっている葉の中に虫を溶かす液体が入っていて、そこに落としてつかまえるんだ。食虫植物を図鑑などで調べてみよう！

(　　)月(　　)日

理科

08 地球の課題

問題

次の言葉の説明として正しいものをア～オから選んで線で結ぼう。

①〔地球温暖化〕
②〔温室効果ガス〕
③〔海面上昇〕
④〔ヒートアイランド〕
⑤〔異常気象〕

ア 地球に熱を閉じこめてしまう気体
イ 過去30年の平均に比べてかたよった気候
ウ 北極・南極の氷が溶けて海の水が増えること
エ 地球の気温が上がりすぎてしまうこと
オ 都会の気温が郊外より高くなること

【解説】

①化石燃料を燃やすと二酸化炭素が排出され、それが増えすぎると地球温暖化が起こるんだ。

②約50種類のガスが温室効果ガスと呼ばれていて、地球温暖化の原因になっているよ。

③海面が上昇すると、海抜の低い土地が海にしずんでしまって、住む場所がなくなってしまうよ。

④アスファルトやコンクリートが多い都会は熱をたくわえやすく、気温が上がってしまうんだ。

⑤干ばつや洪水、寒波や猛暑、台風や豪雨など、世界中で異常気象が起きているよ。

解答 ①エ ②ア ③ウ ④オ ⑤イ

⑥〔　オゾン層　〕・　・ア 硫黄酸化物などを含んだ雨水

⑦〔　酸性雨　〕・　・イ オゾンの濃度が高い層

⑧〔　砂漠化　〕・　・ウ オゾン層に穴があくこと

⑨〔　代替フロン　〕・　・エ 土地が乾燥して草木が育たないこと

⑩〔　オゾンホール　〕・　・オ 5種類の特定フロンに代わるフロンガス

【解説】

⑥地上15～50kmあたりにある。有害な紫外線を吸収して、地上の生きものを守っているよ。

⑦工場などから排出される硫黄酸化物などが雨と一緒に降ると、生物や森林を死滅させてしまうよ。

⑧気象の変化や焼き畑農業などによって、砂漠化が進んでいるよ。

⑨オゾン層破壊の原因となる特定フロンの代わりに開発されたよ。

⑩南極の上空のオゾン層のオゾン濃度が減っていて、年々オゾンホールは大きくなっているよ。

解答　⑥イ　⑦ア　⑧エ　⑨オ　⑩ウ

		【解説】
⑪〔ダイオキシン〕	ア 川や海に流れ込んだプラスチックごみ	⑪ポリ塩化ビニルなどを燃やすと発生する塩素の化合物で、生物にとって毒性が強いよ。
⑫〔環境ホルモン〕	イ 都市に緑地を増やす取り組み	⑫「内分泌かく乱化学物質」という。体内に入ると、成長を妨げたり病気を引き起こしたりするよ。
⑬〔3R〕	ウ ごみの焼却によって出る有害物質	⑬「ごみを減らす」「再使用（捨てずに使う）」「再利用（もう一度原料として使う）」のこと。
⑭〔緑化事業〕	エ 健康をそこねる化学物質	⑭ビルの屋上や建物の敷地内に庭園を造ったり樹木を植えたりして、緑を増やそうとしているよ。
⑮〔海洋プラスチックごみ〕	オ リデュース、リユース、リサイクル	⑮プラスチックごみを海鳥や海洋生物が食べてしまうと、消化されずに体内に残ってしまうんだよ。

解答　⑪ウ　⑫エ　⑬オ　⑭イ　⑮ア

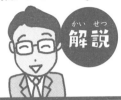

齋藤孝先生の解説

「持続可能な開発目標」というキーワード、ぜひ知っておいてほしい

環境問題は地球規模で解決する必要があるということで、1997年12月、京都で開かれた**COP3**（地球温暖化防止条約第3回締約国会議）で、先進国が温室効果ガスの排出量を削減するという目標が定められた「気候変動に関する国際連合枠組条約の京都議定書」、通称**「京都議定書」**が採択されたよ。2015年のパリ協定では、先進国だけではなく、すべての国が参加する2020年以降の目標が定められたんだ。

2015年9月の国連サミットでは、未来のために、今ある環境をこわさず守り、世界中の人々の生活をよりよくしていくための「持続可能な開発目標（Sustainable Development Goals=SDGs）(※)」を決めたよ。**SDGs**では、「貧困をなくそう」「飢餓をゼロに」「人や国の不平等をなくそう」「パートナーシップで目標を達成しよう」という17のゴール（目標）がかかげられているよ。

※2015年9月の国連サミットで採択された「持続可能な開発のための2030アジェンダ」にて記載された2030年までに持続可能でよりよい世界を目指す国際目標です。17のゴール・169のターゲットから構成され，地球上の「誰一人取り残さない（leave no one behind）」ことを誓っています

(　　)月(　　)日

理科

09 太陽系・星座

問題

次の言葉の説明として正しいものをア〜オから選んで線で結ぼう。

①［ 一等星 ］・　　・ア こぐま座のα星

②［ 星雲 ］・　　・イ ベガ、アルタイル、デネブを結ぶ三角形

③［ 夏の大三角 ］・　　・ウ チリやガスが雲みたいに見える星の集まり

④［ 冬の大三角 ］・　　・エ 夜空で特に明るい星

⑤［ 北極星 ］・　　・オ シリウス、ベテルギウス、プロキオンを結ぶ三角形

【解説】

①肉眼でやっと見える6等星の100倍の明るさ。こと座のベガ、おおいぬ座のシリウスなどだよ。

②ガスやチリを「星間物質」というんだ。これが新しい星が生まれる基になるんだよ。

③この三つの星は一等星だから、見つけやすいね。ベガとアルタイルの間に天の川が流れているよ。

④冬の夜空に逆三角形のように見えるよ。大三角は、他の星を見つける目印になるね。

⑤ほとんど位置が変わらず、昔から、航海のときに北の方角を知るのに使われていたよ。

解答 ①エ ②ウ ③イ ④オ ⑤ア

⑥［ 春の星座 ］● 　● ア おおぐま座、こぐま座、カシオペア座

⑦［ 夏の星座 ］● 　● イ ペガスス座、アンドロメダ座

⑧［ 秋の星座 ］● 　● ウ わし座、こと座、さそり座

⑨［ 冬の星座 ］● 　● エ オリオン座、おおいぬ座、こいぬ座

⑩［ 一年中見える星座 ］● 　● オ 北斗七星、こぐま座、カシオペア座

【解説】

⑥北斗七星はおおぐま座の一部で、七つの星がひしゃくのような形をしているよ。

⑦わし座の中のアルタイルという星がひこ星、こと座の中のベガがおり姫だよ。

⑧ギリシャ神話に登場する、ペガスス、アンドロメダ、ペルセウスなどが見られるよ。

⑨三ツ星が特徴のオリオン座は、見つけやすいね。おおいぬ座にはもっとも明るいシリウスがあるよ。

⑩北の空には、一年中見える星座があるよ。北極星も一年中見えるよ。

理科

解答　⑥オ　⑦ウ　⑧イ　⑨エ　⑩ア

⑪【　火星（かせい）　】・　　・ア 太陽系の第四惑星、地球のすぐ外側

⑫【　水星（すいせい）　】・　　・イ 太陽系の中で唯一人間の住む天体

⑬【　木星（もくせい）　】・　　・ウ 太陽系の第一惑星、もっとも小さい

⑭【　金星（きんせい）　】・　　・エ 太陽系の第五惑星、もっとも大きい

⑮【　地球（ちきゅう）　】・　　・オ 太陽系の第二惑星、地球のすぐ内側

【解説】

⑪生命体が存在する可能性のある惑星。水があったことは確認されているよ。

⑫太陽に一番近いところにある。質量は地球の約18分の1とされているよ。

⑬体積は地球の1300倍以上、質量は300倍以上。惑星の中で自転スピードが一番速いよ。

⑭夕方と明け方に見える。夕方は「宵の明星」、明け方は「明けの明星」と呼ばれるよ。

⑮46億年前に誕生したとされているよ。大気におおわれているね。

解答　⑪ア　⑫ウ　⑬エ　⑭オ　⑮イ

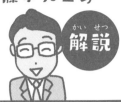

齋藤孝先生の解説

太陽系の惑星、全部言えるかな？

宇宙にある様々なものを含んだ天体が**「銀河」**で、1000億個ほどの星が集まってできている**「天の川銀河（＝銀河系）」**の中に太陽系があるよ。太陽は、太陽系の中の唯一の星（**恒星**）で、太陽系全体の99.9%近くの質量を占めているんだ。そして、太陽から近い順番に、**水星**、**金星**、**地球**、**火星**、**木星**、**土星**、**天王星**、**海王星**と8個の惑星が太陽のまわりを回っている。だから地球は、銀河系の中の太陽系の中の惑星、ということになるね。

宇宙の法則の中でもっとも有名とされているのが、1929年にアメリカの天文学者ハッブルが発見した**「ハッブルの法則」**。宇宙にたくさんある銀河同士の距離はどんどん離れていて、より遠くの銀河ほど離れるスピードが速いという法則だよ。宇宙全体が広がり続けていることがわかるね。また、宇宙の時間を逆に戻すと一つの点にたどりつくことになるから、宇宙誕生の**「ビッグバン」**を裏付けるものにもなっているよ。

（　　）月（　　）日

理科

10 電気・電流

問題

次の言葉の説明として正しいものをア～オから選んで線で結ぼう。

①〔 電磁波 〕・

②〔 電流 〕・

③〔 電気回路 〕・

④〔 直列つなぎ 〕・

⑤〔 並列つなぎ 〕・

・ア 電流の道筋が枝分かれするようにつなぐこと

・イ 物体がおびている電荷が移動すること

・ウ 電球や電池を一列につなぐこと

・エ 電磁場の振動が空間を伝わること

・オ 電源やスイッチをつないだ電気の道

【解説】

①電波も光も電磁波。波長の長さによって紫外線、赤外線、可視光線などに分類されるよ。

②単位はアンペア。電流は、電位の高いところから低いところへ流れるよ。

③導線という、電気を流すための針金でつなぐよ。電流回路ともいう。

④直列つなぎで作った回路を直列回路というよ。電流の大きさはどこでも同じ。

⑤並列つなぎの回路は並列回路というよ。家の中の電化製品は並列回路になっているよ。

解答 ①エ ②イ ③オ ④ウ ⑤ア

【解説】

⑥ [**プラス極**] ● ● **ア** 電流を流すと磁気をおびて磁石になるもの

⑥ 陽極、正の電極ともいう。電位の高い方の極だよ。

⑦ [**マイナス極**] ● ● **イ** 電気を発生させる機械

⑦ 陰極、負の電極ともいう。電位の低い方の極だよ。

⑧ [**電磁石**] ● ● **ウ** 二極の間に電流が通るとき、電子を受けとる電極

⑧ 鉄の芯を入れて巻いたコイルに電流を流すと、その鉄の芯が磁石になるよ。

⑨ [**発電機**] ● ● **エ** 光を当てて電気を作るもの

⑨ 電磁誘導の法則を発見したイギリスの化学者ファラデーが、発電機の原形を開発したよ。

⑩ [**光電池**] ● ● **オ** 二極の間に電流が通るとき、電子を放出する電極

⑩ 太陽電池は光エネルギーを電気エネルギーに変えるもので、光電池の一つだよ。

解答 ⑥ウ ⑦オ ⑧ア ⑨イ ⑩エ

⑪〔　蓄電池　〕・　　・ア 動かない電気のこと

⑫〔発光ダイオード〕・　　・イ 充電できて、何度も使える電池

⑬〔　超電導　〕・　　・ウ 二つの半導体の接合部に電流を流して発光させるもの

⑭〔　モーター　〕・　　・エ 電気抵抗が小さくなること

⑮〔　静電気　〕・　　・オ 電気エネルギーを動力エネルギーに変える機械

【解説】

⑪充電式電池、バッテリーとも呼ばれるよ。使い捨ての電池ではないから、環境にもいいね。

⑫ＬＥＤともいうね。電圧が低く、少ない電流で光るため、寿命が長いよ。

⑬物質がある温度以下になると電気抵抗が0になるから、そこには大きな電流が流せるんだよ。

⑭電動機ともいう。洗濯機やエレベーターなど、多くの電気製品に使われているよ。

⑮雷は静電気によって起こるもの。静電気を利用したものにコピー機があるよ。

解答　⑪イ　⑫ウ　⑬エ　⑭オ　⑮ア

齋藤孝先生の解説

発電させる方法はたくさんある！

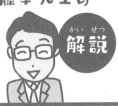

発電させる方法としては、**火力発電**、**水力発電**、**原子力発電**に加え、最近では太陽の光を活用する**太陽光発電**、地球内部の熱を活用する**地熱発電**、風の力を活用する**風力発電**など、自然の力を活用する方法が研究・開発されているね。

今からさかのぼること約190年前、イギリスの化学者・物理学者マイケル・ファラデーは、磁気（磁石の力のもとになるもの）で電気を生み出す方法を考えたよ。ファラデーは、グルグルにまいたコイル（針金）の中に磁石を出し入れすると電流が流れ、かつ磁石を近づけたり遠ざけたりすると、電流の向きが変わることを発見したんだ。これが**「ファラデーの法則」**で、**「電磁誘導の法則」**ともいうよ。

ファラデーは子ども向けに『ロウソクの科学』という本を書いていて、2019年にノーベル化学賞を受賞した吉野彰さんが、科学に興味をもつきっかけになった本として紹介したよ。

(　　)月(　　)日

理科

11 地層・溶岩・火山

問題

次の言葉の説明として正しいものをア～オから選んで線で結ぼう。

① 〔 地層 〕

② 〔 泥岩 〕

③ 〔 砂岩 〕

④ 〔 礫岩 〕

⑤ 〔 化石 〕

ア 動物や植物の死がいが残ったもの

イ 直径2㎜以上のつぶが固まった岩石

ウ 直径0.06㎜以下の泥による岩石

エ 直径0.06～2㎜の砂が固まった岩石

オ 砂や泥などが層になって広がっているもの

【解説】

①地層は横にも奥にも広がっている。しまもように見えるのは、層を作るものの色や大きさが違うから。

②海中にある泥岩の中には、化石が見つかることが多いよ。

③硬いものもやわらかいものもある。硬いものは建築用に使われることがあるよ。

④礫岩には、角ばった石や丸い石など、様々な形があるよ。

⑤化石によって、地層ができた年代やその時代の気候、生きものの進化がわかるよ。

解答 ①オ ②ウ ③エ ④イ ⑤ア

		【解説】
⑥〔 堆積岩 〕●	● ア マグマが作る地形	⑥地層が厚くなるほど、下の層には重みがかかって押しつぶされ、堆積岩となるよ。
⑦〔 火成岩 〕●	● イ 地球内部のマグマが冷えて固まった岩石	⑦地表に噴き出て急に冷えたものは火山岩、地下でゆっくり冷えて固まってできるのは深成岩というよ。
⑧〔 火山灰 〕●	● ウ 地層の下の方でつぶが固まってできた岩石	⑧大規模な噴火が起こると、上空に火山灰が広がり、風によってかなり広範囲に運ばれていくよ。
⑨〔 マグマ 〕●	● エ 火山から噴き出す、2㎜以下の粒	⑨マグマは地下の深いところにある。地表に出たときには平均約1000℃あるよ。
⑩〔 火山 〕●	● オ 地下で岩石が溶けて高温になっているもの	⑩地下から噴出したマグマが山のようになっているのが火山。富士山も火山だよ。

理科

解答 ⑥ウ ⑦イ ⑧エ ⑨オ ⑩ア

⑪〔 活火山 〕・　・ア マグマなどが地表に出る噴出口

⑫〔 溶岩 〕・　・イ 過去1万年の間に噴火した火山

⑬〔 凝灰岩 〕・　・ウ 地表に出たマグマが流れている状態のもの

⑭〔 噴火口 〕・　・エ 土砂や岩が一気に流れること

⑮〔 土石流 〕・　・オ 火山灰が固まってできた岩石

【解説】

⑪日本は火山国で、富士山、浅間山、阿蘇山など100以上の活火山があるよ。

⑫火山から噴き出したどろどろの状態と、冷えて固まったものも溶岩というよ。

⑬風にのってきた火山灰が、広く積み重なってできる岩石。白や緑、灰色などがあるよ。

⑭山頂や山腹にあるよ。くぼんだ円形で、直径は約1km。

⑮集中豪雨などで発生することが多く、大きな被害をもたらすよ。

解答 ⑪イ ⑫ウ ⑬オ ⑭ア ⑮エ

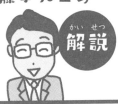

齋藤孝先生の解説

地震のときによく聞く「震源」って何のことかな？

大地は、長い長い地球の歴史の中で、何度も大きく動いて形を変えてきたよ。地層には、その変化の跡が刻まれているんだ。地層には水平なものもあるけど、曲がっているものもあるよね。これは、大地がある一つの方向から大きな力を受けて形を変えたものと考えられているよ。こうして曲がった地層の状態を**「しゅう曲」**という。ヒマラヤやアルプスといった巨大な山脈は、このしゅう曲によってできたものなんだ。また、ずれている地層は**「断層」**というんだ。これは、地層の中に積みあがっている岩石が圧力によって割れてしまい、それによって地層がずれたと考えられるよ。

地震は大地がゆれることで、地震が発生した場所を**「震源」**、震源の真上にあたる地表の点を**「震央」**というね。**「震源地」**というのは、震源が広がりをもっている場合にその地域全体をさす言葉だよ。

(　　)月(　　)日

理科

12 理科での実験で使う覚えておきたい道具

問題

次の言葉の説明として正しいものをア〜オから選んで線で結ぼう。

① 〔アルコールランプ〕

② 〔耐熱ガラス〕

③ 〔フラスコ〕

④ 〔ろうと〕

⑤ 〔メスシリンダー〕

ア 首が細長く、丸い胴体の器具

イ 目盛りのついた円筒状の容器

ウ 熱したり冷やしたりしてもこわれにくいガラス

エ 液体を口の狭い容器に入れるときに使うもの

オ メチルアルコールで物を燃やす器具

【解説】

①ガラス容器の上まで吸い上げられたメチルアルコールが熱せられ、その気体が燃えると炎になるよ。

②実験で使われるビーカーや試験管、調理器具などにも使われているよ。

③ガラスのものが多いけど、金属でできたものもあるよ。実験では三角フラスコをよく使うかな。

④液体を小さい口の容器に移すときに使うよ。「じょうご」もろうとの仲間。

⑤液体の体積をはかるために使う。水平になっているところの目盛りを読むよ。

解答 ①オ ②ウ ③ア ④エ ⑤イ

⑥［ 光学顕微鏡 ］・　　・ア デンプンやヨウ素を検出する薬品

⑦［ プレパラート ］・　　・イ びんなどから液体をとりだす器具

⑧［ ピペット ］・　　・ウ 物を拡大して見る機械

⑨［ ヨウ素液 ］・　　・エ ふた付きの浅い容器

⑩［ シャーレ ］・　　・オ 顕微鏡で観察するための標本

【解説】

⑥1590年ごろに、オランダの眼鏡職人だったヤンセン父子が発明したとされているよ。

⑦観察するものをうすくして、スライドガラスとカバーガラスの間にはさんで使うよ。

⑧ガラス管に目盛りがついているよ。0.1～100mℓくらいの液体や気体の体積が取り出せるよ。

⑨デンプンが溶けた液体にヨウ素液を入れると、青色や青紫色になるよ。

⑩カビなどを人工的に培養（育てること）するときに使うことが多いよ。

理科

解答　⑥ウ　⑦オ　⑧イ　⑨ア　⑩エ

⑪〔リトマス試験紙〕	ア 粉末のものを包む正方形の紙	⑪赤色のリトマス紙にアルカリ性の液体をつけると青に、青色のリトマス紙に酸性の液体をつけると赤になるよ。
⑫〔水銀温度計〕	イ 重さをはかる、精度の高いはかり	⑫温度計や体温計などに使われていて、正確に温度をはかることができるよ。
⑬〔電子天秤〕	ウ 天秤で重さをはかるときに使うおもり	⑬手動のてんびんよりも操作がかんたんで、より正確にはかれるよ。
⑭〔分銅〕	エ 酸性とアルカリ性の判定に使うもの	⑭分銅は、はかり自体の正確さを検査するときにも使われるよ。
⑮〔薬包紙〕	オ 水銀の熱膨張を活用して温度をはかるもの	⑮湿気に弱い薬品を守る効果もあるよ。表面がつるつるだから、粉がくっつかないね。

【解説】は右列に記載。

解答 ⑪エ ⑫オ ⑬イ ⑭ウ ⑮ア

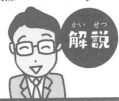

齋藤孝先生の解説

実験道具は適切に使って正確な実験をしよう！

実験道具には、割れやすいガラスでできていたり、火を使うものもあるから十分注意しようね。試験管は**試験管立て**に立たせて置くようにしよう。フラスコの細い首の部分から管が出ているものは**枝付きフラスコ**といって、管が細いから折れないように丁寧に扱おう。

電子天秤を使うときに、おもりが必要だよね。このおもりは決して手でさわってはいけないよ。手でさわると、手の油や水分などがおもりについて、重さが変わってしまうからね。おもりを扱うときは必ず**ピンセット**を使うようにしよう。

顕微鏡よりも手軽に小さいものを見るときに使うのは**ルーペ**。拡大鏡や虫めがねということもあるね。拡大して見るときのレンズは**凸レンズ**だよ。光を集めるために、中央が厚くなっているレンズだね。凸レンズに対して**凹レンズ**というのもあって、これは中央が薄くなっているレンズ。近視の人がかけるメガネは凹レンズだよ。

(　)月(　)日

理科

13 ヒトや動物の誕生

問題

次の言葉の説明として正しいものをア〜オから選んで線で結ぼう。

①〔 卵子 〕・ ・ア 受精卵が育つためのめすの器官

②〔 精子 〕・ ・イ めす性の配偶子

③〔 受精 〕・ ・ウ 精子と卵子の核が合体した卵

④〔 受精卵 〕・ ・エ 精子と卵子が一つの細胞を作ること

⑤〔 子宮 〕・ ・オ おす性の配偶子

【解説】

①ヒトをふくむ動物は卵巣にあり、植物の場合は胚のうにあるよ。通常1回の排卵で1個の卵子が出るよ。

②精子は卵子より小さくて数が多い。精子の頭の部分が卵子と結合するよ。

③動物だけでなく、植物や菌類にも見られる現象。精子が卵子のところに行って受精するよ。

④受精して、受精卵となって、ここから細胞分裂を始めて発生（成長）していくよ。

⑤ヒトの場合、受精卵が母親の子宮で育って、約38週間かけて成長し、誕生するよ。

解答 ①イ ②オ ③エ ④ウ ⑤ア

⑥〔 卵生 〕・ ・ア 子宮で胎児を包む膜の中の液体

⑦〔 ふ化 〕・ ・イ お腹の中の子が栄養をもらうところ

⑧〔 胎生 〕・ ・ウ 卵を産んで繁殖すること

⑨〔 羊水 〕・ ・エ 卵生の動物の卵がかえること

⑩〔 胎盤 〕・ ・オ 受精卵がめすの体内で成長して生まれること

【解説】

⑥ほ乳類以外の動物の多くが卵生。受精卵が体の外で成長するよ。卵を産むニワトリは卵生だね。

⑦細胞分裂によって胚が形成され、胚が卵のからをやぶって外に出ることだね。

⑧卵生と対になった言葉だね。ヒトは母親の体の中で発生するから、胎生だよ。

⑨生まれる前の赤ちゃんは、羊水の中に浮かんでいる。羊水は約38℃に保たれているよ。

⑩妊娠すると、母親の体内に胎盤ができて、そこから赤ちゃんは栄養や酸素をもらうよ。

解答 ⑥ウ ⑦エ ⑧オ ⑨ア ⑩イ

⑪〔　肺呼吸　〕・　　・ア えらから酸素を取り入れ、二酸化炭素を吐くこと

⑫〔　えら呼吸　〕・　　・イ 皮膚で酸素を取り入れ、二酸化炭素を吐くこと

⑬〔　皮膚呼吸　〕・　　・ウ 心臓の拍動が動脈に伝わったもの

⑭〔　拍動　〕・　　・エ 心臓や血管が規則的に動くこと

⑮〔　脈拍　〕・　　・オ 肺で酸素を取り入れ、二酸化炭素を吐くこと

【解説】

⑪肺に空気が入ると、肺の中の血管の血液にふれることで酸素と二酸化炭素が交換されるよ。

⑫水中で生きる生物は、えら呼吸をするものが多いね。えらはひだになっていて、血管がめぐっているよ。

⑬体内に肺などの呼吸器をもたないミミズなどは皮膚呼吸。ヒトもほんの少し皮膚呼吸しているよ。

⑭心臓の拍動によって血液が動脈を通って全身に運ばれていくよ。

⑮脈拍数（動脈内の圧力変化の回数）は、心拍数（心臓の拍動の回数）と同じとして考えられているよ。

解答　⑪オ　⑫ア　⑬イ　⑭エ　⑮ウ

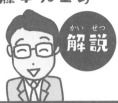

齋藤孝先生の

解説

ヒトの命の誕生は、奇跡とドラマに満ちている

ヒトの卵子は1回の排卵で1個しか出なくて、24時間しか生きられないんだ。でも精子は1回の射精で何億個も出て、3〜5日は生き延びるといわれているよ。射精によって何億個もの精子が飛び出し、卵子にたどりつくための競争を始めるんだけど、卵子と受精できる精子はその中のたったの1個。すごい競争率だね。ヒトの命の誕生は、奇跡とドラマに満ちているんだよ。

卵子と精子はそれぞれ性**染色体**をもっていて、卵子がもっているのは**X染色体**。精子には、X染色体をもつものと**Y染色体**をもつものがあるんだ。

X染色体をもつ精子が卵子と結びつくと、受精卵の染色体はXXとなって女の子が生まれるよ。また、Y染色体をもつ精子が卵子と結びつくと、受精卵の染色体はXYとなって男の子が生まれるよ。

(　　)月(　　)日

理科

14 食べ物を作ってくれる微生物

問題

次の言葉の説明として正しいものをア〜オから選んで線で結ぼう。

① ベニコウジカビ
② 納豆菌
③ クロコウジカビ
④ カワキコウジカビ
⑤ 乳酸菌

ア 大豆を納豆にする菌
イ 赤い色をつけるカビ
ウ 人間の腸内菌のバランスを整える
エ かつおの水分を吸ってかつお節を作る
オ 黒色や黒褐色のカビ

【解説】

①沖縄特産の真っ赤な豆腐ようや、魚肉ソーセージなどに使われるよ。

②納豆菌は熱しても冷やしても死なない強さがあり、食べると生きたまま腸にとどくよ。

③パンやご飯などにはえるカビ。クエン酸はクロコウジカビで発酵させて作るよ。

④乾燥したところが好きなカワキコウジカビは、かつおからイノシン酸やグルタミン酸を作るよ。

⑤善玉菌と呼ばれていて、漬物やヨーグルトを作る菌でもあるよ。

解答　①イ　②ア　③オ　④エ　⑤ウ

⑥［青カビ］	ア 日本で国菌に指定されている	⑥食品をくさらせるものや有毒なものもあるけど、チーズを作ったり薬になるものもあるよ。
⑦［酵母］	イ 食材として食べられる微生物	⑦糖分をアルコールと二酸化炭素に分解するはたらきがあるよ。
⑧［菌糸］	ウ パンや酒を作るのに使う菌類	⑧糸状に連なっているから菌糸というよ。キノコはたくさんの菌糸からできているよ。
⑨［ニホンコウジカビ］	エ 自然界にある青色や緑色のカビ	⑨味噌や醤油などの発酵調味料に欠かせない麹をつくるときに使われるよ。
⑩［キノコ］	オ 菌類を構成している細胞が連なったもの	⑩キノコは植物ではなく微生物。微生物の中では珍しく大きいよ。

【解説】は右欄。

理科

解答 ⑥エ ⑦ウ ⑧オ ⑨ア ⑩イ

⑪〔ビフィズス菌〕	ア アルコール発酵させる酵母	⑪乳酸菌飲料を作るときにも使われる。年を取ると、体内のビフィズス菌は減るよ。
⑫〔黄麹菌〕	イ エタノールを酸化させて酢酸を作る	⑫お酒や醤油、味噌などをつくるために、昔から使われているよ。
⑬〔イースト〕	ウ 腸のはたらきをととのえる乳酸菌の仲間	⑬主にパンを作る酵母のこと。発酵するときに泡ができるのが特徴だよ。
⑭〔貴腐菌〕	エ 黄色や黄緑色の胞子をつくる麹菌	⑭貴腐菌のついた「貴腐ブドウ」から作られる甘い貴腐ワインは、高級品なんだよ。
⑮〔酢酸菌〕	オ 成熟したブドウの皮につく菌	⑮お酢を作る菌のこと。自然界にもたくさん存在している菌だよ。

【解説】 is the heading of the right column.

解答 ⑪ウ ⑫エ ⑬ア ⑭オ ⑮イ

齋藤孝先生の解説

日本には発酵食品がいっぱいあるんだね！

「発酵大国」といわれるほど、日本の食卓では発酵食品が欠かせないよ。醤油、味噌をはじめ、みりん、お酢、かつお節などは、目に見えないカビや細菌など微生物の力をいかした発酵食品なんだ。**発酵**とは、カビや細菌の活動によって食生活に有効なもの（体にいいもの）が作られること。反対に、有害なものが作られることを**腐敗**（くさること）というよ。だから、発酵と腐敗は紙一重なんだね。

外国にも発酵食品はあるよ。タイのナンプラー、韓国のキムチ、ドイツのザワークラウト、イタリアのアンチョビ、フィリピンのスイーツ・ナタデココも発酵食品だよ。世界一くさい食べ物として知られているのは、魚のニシンを発酵させたスウェーデンの「シュールストレミング」という缶詰。缶の中でも発酵を続けているから、缶のふたが膨張しているよ。現地の人たちはパンにつけて食べているんだって！

(　　)月(　　)日

理科

15 てこ・ふりこ・天秤の物の動き方

問題

次の言葉の説明として正しいものをア～オから選んで線で結ぼう。

①〔 てこ 〕・　　・ア てこで力がはたらく点

②〔 支点 〕・　　・イ てこがつりあうときに成り立つ関係式

③〔 力点 〕・　　・ウ てこの棒を支える点

④〔 作用点 〕・　　・エ てこの棒に力を加える点

⑤〔 てこの原理 〕・　　・オ 小さな力で大きなものを動かす仕組み

【解説】

①はさみやペンチ、せんぬき、釣りなども、てこの原理を活用しているよ。

②支点から力点の距離が長いと、小さい力ですむよ。

③力点が支点に近いと、大きな力を必要とするよ。

④作用点と支点が近いと、小さい力ですむよ。

⑤力点の力の大きさ(g)×支点と力点の距離(㎝)＝作用点の力の大きさ(g)×支点と作用点の距離(㎝)

解答 ①オ ②ウ ③エ ④ア ⑤イ

⑥〔　ふりこ　〕・　・ア 演奏する音楽の速さを示すもの

⑦〔　周期　〕・　・イ 一定の速さと時間でおもりが運動するもの

⑧〔　振幅　〕・　・ウ ふりこを利用して時間をきざむもの

⑨〔メトロノーム〕・　・エ ふりこのおもりが往復する時間

⑩〔　ふりこ時計　〕・　・オ ふりこのおもりがはしから真下に動く幅

【解説】

⑥ひものはしを固定して、もう一方におもりをつけて振ると規則正しい運動をするものをふりこというよ。

⑦ふりこや円運動のように、同じことが繰り返し起こるときの、1回にかかる時間のことだよ。

⑧おもりがはしからはしまで動く距離の半分を振幅というよ。

⑨発明したのはオランダ人のウィンケル(1812年)。ドイツ人のメルツェルが1816年に改良してメトロノームとしたよ。

⑩ひもの長さが同じなら、ふりこの周期は一定。ふりこ時計はこの性質を利用しているよ。

理科

解答　⑥イ　⑦エ　⑧オ　⑨ア　⑩ウ

4章

社会

（　　）月（　　）日

社会

01 日本の都道府県

問題

次の言葉の説明として正しいものをア～オから選んで線で結ぼう。

①［北海道地方とは？］

②［東北地方とは？］

③［関東地方とは？］

④［中部地方とは？］

⑤［近畿地方とは？］

ア 新潟、富山、石川、福井、山梨、長野、岐阜、静岡、愛知

イ 三重、滋賀、京都、大阪、兵庫、奈良、和歌山

ウ 北海道

エ 茨城、栃木、群馬、埼玉、千葉、神奈川、東京

オ 青森、秋田、岩手、山形、宮城、福島

【解説】

①まわりが海だから海産物が豊富で酪農もさかん。ばれいしょ（じゃがいも）、小麦などは生産量日本一だよ。

②東北地方には奥羽山脈があって、太平洋側・日本海側・内陸部の特徴をいかした農業があるよ。

③日本最大の平野の関東平野と、日本最大の流域面積をもつ利根川があるよ。

④富士山は中部地方！ 飛驒山脈、木曽山脈、赤石山脈をあわせた「日本アルプス」もあるよ。

⑤大阪、京都、神戸を中心に「大阪大都市圏」と呼ばれ、阪神工業地帯があって、工業のさかんな地域だよ。

解答 ①ウ ②オ ③エ ④ア ⑤イ

⑥ 中国地方とは？ ● ● ア 北海道、沖縄

⑦ 四国地方とは？ ● ● イ 徳島、高知、愛媛、香川

⑧ 九州地方とは？ ● ● ウ 栃木、群馬、埼玉、山梨、長野、岐阜、滋賀、奈良

⑨ 全部が海に面している都道府県は？ ● ● エ 鳥取、島根、岡山、広島、山口

⑩ 海にまったく面していない都道府県は？ ● ● オ 福岡、佐賀、長崎、熊本、大分、宮崎、鹿児島、沖縄

【解説】

⑥本州と四国をつなぐ本州四国連絡橋の1つ、瀬戸大橋は岡山県と香川県の間にかかっているよ。

⑦比較的温暖な地域。「最後の清流」と呼ばれる四万十川は、高知県にあるよ。

⑧台風の通り道になっていて、降水量が多いよ。福岡県福岡市は人口100万人以上の政令指定都市だよ。

⑨沖縄はもともと「琉球王国」という独立国で、独自の文化を持っていたんだ。明治時代に「沖縄県」になったんだよ。

⑩これらは「内陸県」と呼ばれているよ。でも、長野県・山梨県・滋賀県には島があるよ。

社会

解答 ⑥エ ⑦イ ⑧オ ⑨ア ⑩ウ

⑪ もっとも面積の大きい都道府県は？ ● ● ア 香川

⑫ もっとも面積の小さい都道府県は？ ● ● イ 北海道

⑬ もっとも人口の多い都道府県は？ ● ● ウ 東京

⑭ もっとも人口の少ない都道府県は？ ● ● エ 新潟

⑮ もっともお米の収穫量が多い都道府県は？ ● ● オ 鳥取

※2021年1月現在

【解説】

⑪北海道には、アイヌ民族が先住していたんだよ。アイヌ独自の文化を大切にしたいね。

⑫香川県はさぬきうどんが有名で、うどんの消費量も日本一だよ。コシのある太いうどんが特徴！

⑬東京都は、23区・26市・5町・8村から成り立っているよ。一番新しいのは、2001年にできた西東京市だよ。

⑭観光地として有名なのは「鳥取砂丘」。日本一人口の少ない県だよ。

⑮お米だけでなく、えだまめやなす、花のゆりや球根の作付け面積も日本一だよ。

解答 ⑪イ ⑫ア ⑬ウ ⑭オ ⑮エ

齋藤孝先生の

解説

日本には6000以上の島があるんだ！

社会

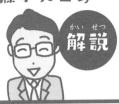

日本は大陸ではなく**「島国」**で、北海道や本州、四国、九州も島だよね。日本には、島をぐるっと囲む海岸線が100m以上ある島が、全国で6852あるんだよ。

都道府県別にみると、一番島の数が多いのは長崎県で971、２番目に多いのが鹿児島県で605、三番目は北海道で509（北方領土を含む）。

島の中で、人が住んでいるのは本州などを含めて400ほどなんだ。その他は無人島だよ。だから、人が住んでいる島の数は6%ほどなんだね。住人が一番多いのは、兵庫県の**淡路島**で約13万2500人、２番目は熊本県の**天草下島**で約6万9000人、３番目は新潟県の**佐渡島**で約5万3000人だよ。また、面積が大きい島は新潟県の佐渡島の855㎢、鹿児島県の**奄美大島**の712㎢、長崎県の**対馬島**の709㎢。他に有名な島として鹿児島県の**屋久島**があるね。樹齢が数千年ともいわれている「縄文杉」があり、島の一部は世界遺産に登録されているよ。

(　　)月(　　)日

社会 02

日本のNo.1

問題

次の言葉の説明として正しいものをア〜オから選んで線で結ぼう。

① 一番高い山は？	ア 蕨小島
② 一番大きい湖は？	イ 琵琶湖
③ 一番長い川は？	ウ 富士山
④ 人が住んでいる一番小さい島は？	エ 称名滝
⑤ 一番落差の大きい滝は？	オ 信濃川

【解説】

①山頂には県境がなく、山頂はどこの県のものでもないんだよ。

②面積は約670㎢で、約500万年前にできたとされているよ。

③全長367㎞。流域面積では、利根川、石狩川に次いで第3位で1万1900㎢。

④長崎県五島列島の、久賀島の北東にあって、面積は約0.03㎢だよ。

⑤富山県の落差350mの滝。「称名」は仏様の名前をとなえるという意味。

解答 ①ウ ②イ ③オ ④ア ⑤エ

⑥ 最高気温を記録した都市は？ ・ ・ ア 旭川市

⑦ 最低気温を記録した都市は？ ・ ・ イ 箱根町

⑧ 最高気温がもっとも低い場所は? ・ ・ ウ 伊吹山

⑨ 1日の降雨量がもっとも多かった地域は？ ・ ・ エ 浜松市

⑩ もっとも雪が深く積もった場所は？ ・ ・ オ 富士山

※2021年1月現在

【解説】

⑥静岡県浜松市の気象台で、2020年8月17日に41.1℃を記録したよ。

⑦北海道旭川市の気象台で、1902年1月25日に-41.0℃を記録したよ。

⑧1936年1月31日、富士山での最高気温が−32.0℃だった。「最高」なのにすごく低いね！

⑨神奈川県の箱根町で、2019年10月12日に922.5㎜を記録したよ。

⑩1927年2月14日、滋賀県の伊吹山で1182㎝積もったという記録があるよ。

解答 ⑥エ ⑦ア ⑧オ ⑨イ ⑩ウ

⑪ もっとも北にある場所は？
⑫ もっとも南にある場所は？
⑬ もっとも東にある場所は？
⑭ もっとも西にある場所は？
⑮ 役所がもっとも高いところにあるのは?

ア 与那国島
イ 波照間島
ウ 川上村
エ 南鳥島
オ 稚内市

【解説】

⑪北海道稚内市は日本が統治している最北端。無人島も入れたら弁天島だよ。

⑫人が住む最南端の島は波照間島。無人島も入れたら東京都の沖ノ鳥島だよ。

⑬東京都の小笠原諸島の島。ほぼ三角形の形をしている島だよ。

⑭沖縄県の与那国島は、面積が約30㎢、台湾まで約111kmのところにあるよ。

⑮長野県南佐久郡の川上村役場は、標高1185mのところにあるよ。

解答 ⑪オ ⑫イ ⑬エ ⑭ア ⑮ウ

日本は世界遺産に23件も登録されているよ！

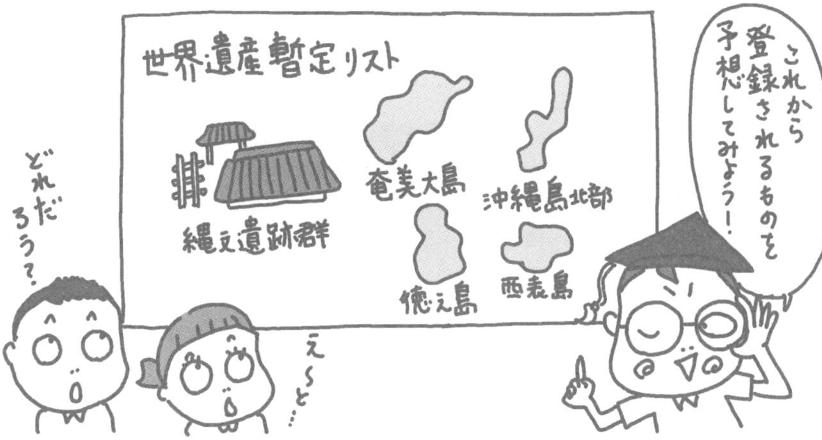

社会

自然が豊かで歴史的な建造物も数多く残っている日本では、2021年1月現在、23件がユネスコの世界遺産に登録されているよ。文化遺産は、平成5年に登録された奈良県の**「法隆寺地域の仏教建造物」**をはじめ、岐阜県・富山県の**「白川郷・五箇山の合掌造り集落」**、広島県の**「原爆ドーム」**、群馬県の**「富岡製糸場と絹産業遺産群」**、最新の登録は**「百舌鳥・古市古墳群」**だよ。

自然遺産は鹿児島県の**「屋久島」**、青森県・秋田県の**「白神山地」**、北海道の**「知床」**、東京都の**「小笠原諸島」**の四つだよ。旅行などで一度は行ってみたいね。

今後5〜10年以内に世界遺産に申請しようとしている「暫定リスト」の中には、「北海道・北東北の縄文遺跡群」「奄美大島、徳之島、沖縄島北部及び西表島」などがあるんだ。これから登録されるものに注目したいね！

( )月( )日

社会

03 世界の国旗

問題

次の国の国旗として正しいものをア〜オから選んで線で結ぼう。

①〔 アメリカ 〕●　　●ア 

②〔 フランス 〕●　　●イ 

③〔 中国 〕●　　●ウ 

④〔 スペイン 〕●　　●エ 

⑤〔 ドイツ 〕●　　●オ 

【解説】

①「星条旗(スターズ・アンド・ストライプス)」と呼ばれているよ。

②フランス革命のときに、国王(白)、パリ市(青・赤)の色として生まれたよ。

③五つの星は「陰陽五行」の木・火・土・金・水を表しているよ。

④ギリシャ神話の英雄ヘラクレスが立てた柱が描かれているよ。

⑤黒・赤・黄は、ドイツを象徴する色であり、ドイツ民族の基本色とされているよ。

 解答 ①エ ②ウ ③ア ④オ ⑤イ

⑥〔 韓国 〕● ● ア 

⑦〔 インド 〕● ● イ 

⑧〔 カナダ 〕● ● ウ 

⑨〔 ロシア 〕● ● エ 

⑩〔 スイス 〕● ● オ 

【解説】

⑥中央の円は、上の赤は陽（プラスの力）、下の青は陰（マイナスの力）を表しているよ。

⑦オレンジ色は国家の強さ、緑は国家の繁栄、白は平和を表しているよ。

⑧中央のカエデの葉（メイプルリーフ）は、カナダのシンボルだよ。

⑨白は自由、青は名誉、赤は勇気を表しているんだよ。

⑩スイスは永世中立国。正方形の国旗は世界でもめずらしいよ。

解答 ⑥オ ⑦エ ⑧イ ⑨ア ⑩ウ

⑪〔 ブラジル 〕・　　・ア 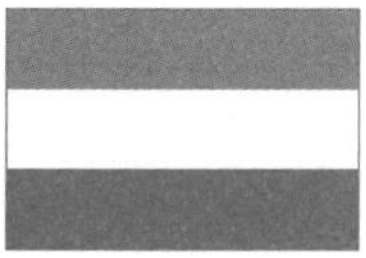

⑫〔 イタリア 〕・　　・イ 

⑬〔 南アフリカ共和国 〕・　　・ウ 

⑭〔 オランダ 〕・　　・エ 

⑮〔 イギリス 〕・　　・オ 

【解説】

⑪円の帯に書かれているのは「秩序と発展」という言葉だよ。

⑫緑は国土と自由、白はアルプスの雪と平等、赤は愛国者の情熱と博愛を表しているよ。

⑬ネルソン・マンデラが大統領になって決まったデザインだよ。

⑭オランダの国旗は、世界初の三色旗とされているよ。

⑮通称「ユニオンジャック」。1801年に制定されたものだよ。

解答　⑪オ　⑫ウ　⑬イ　⑭ア　⑮エ

齋藤孝先生の解説

世界の国旗に多く登場するものを知っているかな？

国旗はその国のシンボル。いろいろなデザインがあるよね。日本の**「日の丸」**は、縁起のいい紅白だね。昔からこのデザインはあったみたいだけど、平成11年に公布された「国旗及び国家に関する法律」で法的に国旗として定められたんだよ。

トルコ共和国の国旗には三日月と星が描かれていて、これはイスラム教のシンボルなんだけど、このモチーフはマレーシア、パキスタン、アゼルバイジャンの国旗にも描かれているよ。スリランカの国旗には、剣を手にしたライオンが描かれているよ。アルゼンチンの国旗には、「五月の太陽」と呼ばれるモチーフで、太陽の中に顔が描かれているんだ。月や星、動物や太陽といったモチーフは、国旗ではよく使われるんだね。

サウジアラビアの国旗には、イスラム教の聖典『**コーラン**』の一節がアラビア文字で書かれているよ。その国の人たちにとって大切な言葉なんだね。

(　　)月(　　)日

社会

04 歴代内閣総理大臣

問題

次の人物の説明として正しいものをア～オから選んで線で結ぼう。

①〔 山県有朋 〕・

②〔 大隈重信 〕・

③〔 原敬 〕・

④〔 加藤高明 〕・

⑤〔 犬養毅 〕・

・ア 満州国建設

・イ 第一回総選挙実施

・ウ 隈板内閣

・エ 普通選挙法

・オ 初の本格的政党内閣

【解説】

①3代、9代。衆議院総選挙、帝国議会ともに初めて行われたよ。

②8代、17代。自由党の板垣退助と連立内閣を組織。大隈は早稲田大学を作ったよ。

③19代。本格的政党内閣としては初で、国際連盟に加盟したよ。

④24代。納税額の制限をなくし、25歳以上の男子に選挙権を与えたよ。

⑤29代。日本陸軍を中心に満州国が建設される。犬養は五・一五事件で暗殺されたよ。

解答 ①イ ②ウ ③オ ④エ ⑤ア

⑥〔 吉田茂 〕・　・ア ノーベル平和賞

⑦〔 鳩山一郎 〕・　・イ 新日米安全保障条約

⑧〔 岸信介 〕・　・ウ 日本国憲法公布

⑨〔 池田勇人 〕・　・エ GATTに加盟

⑩〔 佐藤栄作 〕・　・オ 高度経済成長

【解説】

⑥45代、48～51代。サンフランシスコ平和条約、日米安全保障条約を結んだ。

⑦52～54代。GATT（関税および貿易に関する一般協定、現WTO）に加盟し、経済面で国際的に復帰したよ。

⑧56～57代。新日米安保条約で日本とアメリカの関係を安定させた。安倍晋三の祖父だよ。

⑨58代。「所得倍増計画」を打ち出し、高度経済成長を推し進めたよ。

⑩61～63代。「核兵器を作らない、持たない、持ち込ませない」の三原則でノーベル平和賞受賞。

社会

解答 ⑥ウ ⑦エ ⑧イ ⑨オ ⑩ア

⑪［ 田中角栄 ］・　・ア 消費税導入

⑫［ 竹下登 ］・　・イ 郵政民営化

⑬［ 細川護熙 ］・　・ウ 国歌・国旗の制定

⑭［ 小渕恵三 ］・　・エ 日本列島改造論

⑮［ 小泉純一郎 ］・　・オ 自民党からの政権交代

【解説】

⑪64～65代。中卒で総理大臣に。日中国交正常化を成し遂げるも、収賄罪で有罪に。

⑫74代。消費税は3%からスタート。リクルート事件で総辞職することになったよ。

⑬79代。自民党から政権を奪い、連立政権がスタートしたよ。

⑭84代。沖縄サミットを機に、琉球王朝のシンボルを描いた2000円札を発行。

⑮87～89代。北朝鮮の金正日総書記と初めて首脳会談をし、日朝平壌宣言に調印したよ。

解答 ⑪エ ⑫ア ⑬オ ⑭ウ ⑮イ

齋藤孝先生の解説

わずか54日で総理大臣をやめてしまった人もいたんだ

もっと総理大臣
やりたかったなー
波乱万丈な
人生でした
子だくさん！
東久邇宮稔彦王
高橋是清
松方正義

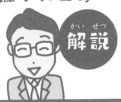

歴代の総理大臣の中で、もっとも在任期間が長かったのは、96～98代の**安倍晋三**だよ。みんなも覚えているかな？　反対に短かったのは、43代の**東久邇宮稔彦王**で就任してからわずか54日で退任しているよ。

20代の**高橋是清**は経済に強い総理大臣だったけど、留学先のアメリカで奴隷として売られてしまうなど、波乱に満ちた人生だったよ。同じく経済に強かった4代、6代の**松方正義**は、子どもが26人もいたんだって！

田中角栄がお金の問題で失脚したあとに総理大臣になったのは、66代の**三木武夫**。クリーンなイメージが浸透していたから、選ばれたんだね。

今のJRは、昔は「国鉄（国有鉄道）」だったって知ってるかな？　国鉄を民営化したJRにしたのが71～73代の**中曽根康弘**。101歳まで生きた、長寿の政治家だね。

（　　）月（　　）日

社会

05 日本の歴史人物①

問題

次の人物の説明として正しいものをア～オから選んで線で結ぼう。

①〔 聖徳太子 〕		ア 『魏志倭人伝』、邪馬台国の女王
②〔 中大兄皇子 〕		イ 十七条の憲法、冠位十二階を定める
③〔 卑弥呼 〕		ウ 浄土宗、南無阿弥陀仏
④〔 藤原道長 〕		エ 大化の改新を行う、白村江の戦いで大敗
⑤〔 法然 〕		オ 摂関政治の最盛期、『御堂関白記』

【解説】

①官僚制度を整えたほか、遣隋使を派遣したり、法隆寺を建てたりしたよ。

②668年に天皇に即位し、日本初の戸籍「庚午年籍」を作ったとされているよ。

③邪馬台国では争いが続いていて、卑弥呼が女王になって争いをしずめたよ。

④4人の娘を天皇に嫁がせて、天皇家と姻戚関係になることで権力を握ったよ。

⑤「南無阿弥陀仏」をとなえれば、極楽浄土に行けると説いて人気になったよ。

解答　①イ　②エ　③ア　④オ　⑤ウ

⑥〔 平清盛 〕	ア 鎌倉幕府滅亡、室町幕府を開く	
⑦〔 源頼朝 〕	イ 鎌倉幕府を開く、北条政子の夫	
⑧〔 足利尊氏 〕	ウ 金閣を建てる、北山文化	
⑨〔 足利義満 〕	エ 歌舞伎を始めた、出雲大社の巫女という説	
⑩〔 出雲の阿国 〕	オ 武士として初の太政大臣、保元・平治の乱で勝利	

【解説】

⑥1167年に太政大臣となって、初めて武家の政権をたてたよ。

⑦征夷大将軍となって、鎌倉に、徳川幕府まで続く武家政権の基礎を築いたよ。

⑧後醍醐天皇の建武の新政をたおし、征夷大将軍となって室町幕府を開いたよ。

⑨「日本国王」と名乗った人。中国との貿易でお金をもうけたよ。

⑩今では男性しかできない歌舞伎だけど、女性の阿国が始めたとされているよ。

社会

解答 ⑥オ ⑦イ ⑧ア ⑨ウ ⑩エ

⑪〔 雪舟 〕・	・ア 本能寺の変、「三日天下」	
⑫〔 織田信長 〕・	・イ 茶の湯、楽市楽座	
⑬〔 明智光秀 〕・	・ウ 水墨画家、『天橋立図』	
⑭〔 豊臣秀吉 〕・	・エ 関ヶ原の戦いで勝利、日光東照宮	
⑮〔 徳川家康 〕・	・オ 大坂城、天下統一	

【解説】

⑪画家であり僧侶。水墨画も有名だけど、山水画を完成させた人でもあるよ。

⑫茶道の基礎を作った千利休を重用し、武家社会に茶の湯を広めたよ。

⑬本能寺で織田信長を倒したけど、すぐに豊臣秀吉にやられて「三日天下」といわれているよ。

⑭足軽の子として生まれ、天下を取った人。大坂城を築いたよ。

⑮栃木県の日光東照宮に主祭神としてまつられているよ。

 解答 ⑪ウ ⑫イ ⑬ア ⑭オ ⑮エ

齋藤孝先生の解説

日本のお札になった偉人、No.1は聖徳太子！

歴史上の人物で「偉人」と呼ばれる人は、お札に描かれることが多いんだ。聖徳太子は、なんと7回もお札になっているよ。それだけすぐれた業績を残したということだね。古代の人では、中大兄皇子とともに大化の改新をとげた**藤原鎌足**、神話に登場する人では、武力に優れていて英雄と呼ばれた**日本武尊**、5代の天皇に仕えて300年生きたとされている**武内宿禰**がいるよ。奈良時代から平安時代にかけて活躍した**和気清麻呂**は、桓武天皇に信頼されていた高級官僚。昭和の時代に「10円札」に描かれたんだけど、ごく短期間しか使われなかったんだ。

菅原道真は平安時代に活躍した人で、福岡県の太宰府天満宮に「学問の神様」としてまつられているね。小学校によく銅像がある**二宮尊徳**（金次郎）は江戸時代の人。よく働きよく学んだ人で、やはりお札になっているんだ。学ぶことは大切なことだね。

(　　)月(　　)日

社会

06 日本の歴史人物②

問題

次の人物の説明として正しいものをア～オから選んで線で結ぼう。

① 近松門左衛門

② 杉田玄白

③ 平賀源内

④ 本居宣長

⑤ 伊能忠敬

ア エレキテル、日本初の物産会を開いた

イ 『曽根崎心中』、『心中天網島』

ウ 日本全国を測量、『大日本沿海輿地全図』

エ 『古事記伝』、国学を大成

オ 『解体新書』、『蘭学事始』

【解説】

①江戸時代の町人社会を描いた「世話物」というジャンルの人形浄瑠璃文楽を作ったよ。

②前野良沢と、ドイツの解剖書を『解体新書』として訳したよ。

③発明家でアイデアマン。土用の丑の日にウナギを食べることを考えたのも源内だよ。

④古事記の注釈書である『古事記伝』をあらわし、国学を大成させたよ。

⑤家業を引退した50歳から学び始め、17年かけて全国を歩いて測量したよ。

 解答 ①イ ②オ ③ア ④エ ⑤ウ

⑥〔 西郷隆盛 〕・　・ア 初代内閣総理大臣、安重根により暗殺される

⑦〔 勝海舟 〕・　・イ 王政復古の大号令、紀尾井坂の変

⑧〔 大久保利通 〕・　・ウ 咸臨丸、初代海軍大臣

⑨〔 板垣退助 〕・　・エ 江戸城を無血開城、西南戦争

⑩〔 伊藤博文 〕・　・オ 自由民権運動

【解説】

⑥徳川慶喜が江戸城を明け渡すときに、戦をしないで無事に終えたよ。

⑦海軍の研究をして、咸臨丸で日本初の太平洋横断をとげたよ。

⑧初代内務卿を務めるなど内閣制度発足前の政界のリーダーだった人。

⑨「板垣死すとも自由は死せず」、という名言が有名だよ。

⑩日本初の内閣を作り、日本初の帝国議会を開いたよ。

社会

解答 ⑥エ ⑦ウ ⑧イ ⑨オ ⑩ア

⑪ 〔 福沢諭吉 〕・

・ア 第一国立銀行、「近代日本経済の父」と呼ばれた

⑫ 〔 野口英世 〕・

・イ 血清療法を開発

⑬ 〔 北里柴三郎 〕・

・ウ 岩倉使節団、津田塾大学

⑭ 〔 津田梅子 〕・

・エ 黄熱病の研究

⑮ 〔 渋沢栄一 〕・

・オ 『学問のすすめ』、『西洋事情』

【解説】

⑪ 慶應義塾を開いた人。近代の日本人には学びが大切だと説いたよ。

⑫ 細菌学者で黄熱病の研究をし、ノーベル賞候補に3回もあがったよ。エジソンとも交流があったんだ。

⑬ 日本初の伝染病研究所所長になり、香港でペスト菌を発見したよ。

⑭ 津田塾大学の前身の学校を作り、女子教育に力を入れたよ。

⑮「第一国立銀行」をはじめ、500を超える事業にたずさわったよ。

解答　⑪オ　⑫エ　⑬イ　⑭ウ　⑮ア

齋藤孝先生の

お札になった人が何をした人なのか調べてみよう！

この項目では、お札になった人が4人（板垣、伊藤、福沢、野口）いて、2024年にお札になる予定の人が3人（北里、津田、渋沢）いるね。

他には、明治時代に作家として活躍した夏目漱石と樋口一葉。漱石は「人間とは何か」に向き合った人で、「国民作家」と呼ばれていたね。一葉は、働いて一家の生活を支えながら小説を書いた人で、惜しくも24歳で亡くなっちゃったんだ。

明治の政治家では、高橋是清と**岩倉具視**。高橋是清は日本銀行の総裁を務めたあと、大蔵大臣（今の財務大臣）や内閣総理大臣を務めた人で、ビジネスマンから政治家に転身したんだね。岩倉具視は欧米を視察して日本の近代化に貢献するなど、明治に活躍した政治家だよ。

新渡戸稲造は、日本のことを海外の人に知ってもらうために『**武士道**』という書物を英語で書いた人だよ。国際連盟の初代事務次長にもなったんだよ。

社会

(　　)月(　　)日

社会

07 日本国憲法

問題

次の言葉の説明として正しいものをア〜オから選んで線で結ぼう。

①〔戦争の放棄〕・

②〔基本的人権〕・

③〔公共の福祉〕・

④〔法の下の平等〕・

⑤〔思想及び良心の自由〕・

・ア 日本国憲法の三原則

・イ 第9条

・ウ 平等権

・エ 何を考えてもいい

・オ 自分の権利とみんなの幸せ

【解説】

①日本は戦力を持たない、戦争を行う権利を認めない、としているよ。

②国民主権、平和主義、基本的人権の尊重が三原則だよ。

③他人の人権や幸せをうばったり侵害してはいけないんだよ。

④人種や信条、性別や身分で差別してはいけないんだよ。

⑤心の中で思うこと、頭で考えることはどんなことでもいいんだよ。

解答　①イ　②ア　③オ　④ウ　⑤エ

⑥［信教の自由］ ●　● ア 好きな仕事ができる

⑦［表現の自由］ ●　● イ やりたい勉強ができる

⑧［職業選択の自由］ ●　● ウ 言論、出版の自由

⑨［学問の自由］ ●　● エ 夫婦の平等

⑩［両性の本質的平等］ ●　● オ どんな宗教でもいい

【解説】

⑥国は、特定の宗教団体を特別扱いしてはいけないんだよ。

⑦昔は「検閲」といって、国が出版物をチェックしていたんだよ。

⑧昔は「士農工商」という制度があって、農家に生まれたら農民になるしかなかった。

⑨今でも特定の思想しか認めない国では、自由に勉強できないんだよ。

⑩昔は、男女が不平等で、夫婦も平等ではなかったんだよ。

社会

解答　⑥オ　⑦ウ　⑧ア　⑨イ　⑩エ

⑪［健康で文化的な 最低限度の生活］・ ・ア 教育の義務

⑫［教育を受ける 権利］・ ・イ 児童酷使の禁止

⑬［勤労の義務、勤労の権利］・ ・ウ 生存権

⑭［納税の義務］・ ・エ 法律よりも上

⑮［国の最高法規］・ ・オ 累進課税

【解説】

⑪「最低限度の生活」が保障されること。「最低の生活」ではないよ。

⑫教育を受ける「権利」、大人が子どもに「教育を受けさせる義務」があるよ。

⑬働くのは義務であり権利だけど、子どもに強いてはいけないんだよ。

⑭収入の多い人は、納める税金の比率が高くなっているよ。

⑮憲法は、法律よりも天皇の意思を表した文書よりも強いんだよ。

解答 ⑪ウ ⑫ア ⑬イ ⑭オ ⑮エ

齋藤孝先生の解説

自分の権利を守るとともに、他人の権利も守るのが日本国憲法

憲法の「前文」にまず書かれているのは、**「国民主権」**ということ。国民が大事ということは、憲法の中で何度も言われているよ。憲法には国民の権利と義務についていくつも書かれていて、「すべて国民は、個人として尊重される」とも書かれているんだ。じゃあ、国民を尊重するってどういうこと？　それは、国が**「生命」「自由」「幸福追求」**の権利を守るということ。「幸福追求」の権利とは、誰にも幸せになろうとする権利があるということなんだ。それを憲法が保障しているというのは、大切なことだね。

だからといって、何でも守られるわけではないよ。一つだけ、「公共の福祉に反しない限り」という条件があるんだ。自分の権利を守るとともに、他人の権利も守ろう！　ということなんだね。だから、「自由及び権利」は「濫用（むやみに使うこと）してはならない」という文章があるよ。自分も他人も自由で幸せに生きられる社会を目指しているんだね。

（　　）月（　　）日

社会

08 三権分立① 国会【立法】

問題

次の言葉の説明として正しいものをア〜オから選んで線で結ぼう。

①〔 衆議院 〕・　　・ア 議員提出法案

②〔 参議院 〕・　　・イ 裁判官を裁く

③〔 弾劾裁判 〕・　　・ウ 国務大臣の任命

④〔 議員立法 〕・　　・エ 解散がある

⑤〔 内閣総理大臣 〕・　　・オ 解散はない

【解説】

①参議院より強い権限がある。任期は4年、議員定数は465人だよ。

②立候補できるのは30歳以上の人で、任期は6年、議員定数は248人だよ。

③裁判官にふさわしくない人をやめさせる裁判は、国会で行うよ。

④国会議員が直接国会に提出して成立した法律は議員立法というよ。

⑤内閣の最高責任者、首相ともいう。国務大臣をやめさせることもできる。

解答　①エ　②オ　③イ　④ア　⑤ウ

⑥【国会】・　・ア 毎年1回、1月に開催

⑦【通常国会】・　・イ 総選挙から30日以内

⑧【臨時国会】・　・ウ 一定数の議員の要求

⑨【特別国会】・　・エ 議決の不一致

⑩【両院協議会】・　・オ 法律を作る

【解説】

⑥他に、国の予算を決めたり首相を決めるのも国会だよ。

⑦期間は150日で、予算案の審議が中心。1回だけ延長できるよ。

⑧国会は、内閣が開催を必要と認めたときにも開かれるよ。

⑨衆議院解散後の総選挙から30日以内に召集され、内閣総理大臣の指名などを行うよ。

⑩参議院と衆議院の議決が一致しなかったときに開かれるよ。

解答　⑥オ　⑦ア　⑧ウ　⑨イ　⑩エ

⑪	〔 選挙 〕	ア	両議院での会議
⑫	〔 内閣不信任 〕	イ	特別なことを話し合う
⑬	〔 本会議 〕	ウ	国民が議員を選ぶ
⑭	〔 特別委員会 〕	エ	衆議院の決定が尊重される
⑮	〔 衆議院の優越 〕	オ	総辞職

【解説】

⑪18歳になると、選挙権が得られるよ。

⑫衆議院で不信任案が可決されたら、10日以内に衆議院解散か総辞職だよ。

⑬衆議院、参議院のそれぞれ全議員が出席する会議のことだよ。

⑭特別な事柄について話し合う委員会。常設の委員会は常任委員会というよ。

⑮任期が短く解散もある衆議院は、国民の意見が反映されやすいからだね。

解答 ⑪ウ ⑫オ ⑬ア ⑭イ ⑮エ

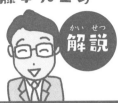

齋藤孝先生の解説

日本は「間接民主制」で「二院制」をとっているんだ

国会は「国権の最高機関」であり、唯一の立法機関（＝法律を作るところ）。だから**「立法府」**とも呼ばれるよ。選挙によって国民の代表者である国会議員を選び、選ばれた国会議員が国会で話し合って物事を決めることを**「間接民主制」**というんだよ。国会には衆議院と参議院があって、これを**「二院制」**というよ。

国会で作られる法律には、国民の財産などについて定めている**「民法」**や、犯罪に関する**「刑法」**、企業の経営に関する**「商法」**や株に関する**「証券取引法」**などがあるよ。法案が出されて、衆議院・参議院の両方で可決されると、法律として成立することになるんだ。

国会の権限には、政治が正しく行われているかを調査する**「国政調査権」**や、憲法の改正を提案できる権利があるよ。国会の仕事には、立法の他に、内閣が外国ととりきめた条約について話し合って認めること（条約の承認）や、予算を決めることなどがあるよ。

社会

（　　）月（　　）日

社会 09

三権分立② 内閣【行政】

問題

次の言葉の説明として正しいものをア〜オから選んで線で結ぼう。

①［ 内閣 ］	ア 軍人ではない
②［ 閣議 ］	イ 内閣の会議
③［ 議院内閣制 ］	ウ 内閣を構成する
④［ 国務大臣 ］	エ 国会への責任
⑤［ 文民 ］	オ 行政の最高機関

【解説】

①内閣総理大臣と国務大臣から成り立っているよ。

②内閣総理大臣が主宰する会議で、全会一致が原則だよ。

③内閣は国会によって生まれ、国会に対して責任を負うという制度。

④国務大臣の過半数は国会議員から選ばないといけないよ。

⑤内閣総理大臣も国務大臣も文民であることが条件だよ。

解答 ①オ ②イ ③エ ④ウ ⑤ア

⑥〔 組閣 〕●	● ア 減刑、刑の執行免除	⑥内閣総理大臣が国務大臣を選んで内閣を作ることを組閣というよ。
⑦〔 政令 〕●	● イ 内閣を作る	⑦憲法や法律を実施するための、内閣による命令のことだよ。
⑧〔 条約 〕●	● ウ 国家間の合意	⑧国際上の権利や義務を規定すること、またそれを記した文書のことだよ。
⑨〔 恩赦 〕●	● エ 内閣不信任案の可決	⑨国家的なお祝い事などがあったとき、犯罪者の刑を軽くしたりするよ。
⑩〔 衆議院の解散 〕●	● オ 内閣が制定する命令	⑩内閣が国民の意思を問うために、衆議院を解散することもあるよ。

【解説】は右欄。

社会

解答 ⑥イ ⑦オ ⑧ウ ⑨ア ⑩エ

⑪〔内閣総辞職〕	ア 衆議院議員を選ぶ		⑪内閣が総辞職したら、国会はすぐに内閣総理大臣を決めなくてはならないよ。
⑫〔総選挙〕	イ 国民のための仕事をする		⑫参議院の選挙は通常選挙というよ。
⑬〔公務員〕	ウ 内閣総理大臣のサポート		⑬国や地方公共団体で、国民の利益のために働く人のことだよ。
⑭〔官僚〕	エ 総理大臣と国務大臣がやめる		⑭上級の公務員で、国の政策を決める重要な仕事をする人のこと。
⑮〔内閣官房長官〕	オ 国の政策を決める		⑮国務大臣の一つで、内閣府の仕事を統括してこなす人だよ。

【解説】は右列。

解答 ⑪エ ⑫ア ⑬イ ⑭オ ⑮ウ

齋藤孝先生の解説

ニュースで「政府」というときは「内閣」を指していることが多いよ

内閣は国の最高の行政機関で、ニュースなどでは**「政府」**というかな。内閣の会議である閣議は、毎週火曜日・金曜日に開かれる**「定例閣議」**、臨時で開かれる**「臨時閣議」**があるよ。緊急に決定しなくてはならない場合は**「持ち回り閣議」**といって、**閣議書**（閣議の内容が書かれた書類）を持って**閣僚**（国務大臣）のところを回って署名をもらうんだよ。

法律を作るのは国会だけど、法案を作るのは内閣。外国との条約を承認するのは国会だけど、条約を結ぶのは内閣。というふうに、国会が信任することによって内閣が成立し、内閣は行政について国会に責任を負う制度を議院内閣制というよ。

内閣の下には**内閣府**と12の省（国家公安委員会含む）があって、役割分担をしているよ。**省**には法務省や外務省などがあって、省の下には**庁**があるんだ。たとえば、財務省の下には国税庁があり、文部科学省の下には文化庁があるというふうにね。

(　　)月(　　)日

社会 10

三権分立③裁判所【司法】

問題

次の言葉の説明として正しいものをア〜オから選んで線で結ぼう。

①〔 簡易裁判所 〕・　　・ア 第二審を行う

②〔 地方裁判所 〕・　　・イ 比較的軽い刑事事件

③〔 家庭裁判所 〕・　　・ウ 第一審を行う

④〔 高等裁判所 〕・　　・エ 最後の裁判所

⑤〔 最高裁判所 〕・　　・オ 家庭内の争いや少年事件

【解説】

①全国に438か所設置されているよ。

②北海道に4か所、各都府県に1か所ずつ、合計50か所にあるよ。

③地方裁判所と同じところに50か所あるよ。

④札幌、仙台、東京、大阪、名古屋、広島、高松、福岡の8か所にあるよ。

⑤東京に1つだけ。長官と14人の裁判官で構成されているよ。

解答　①イ　②ウ　③オ　④ア　⑤エ

⑥〔 司法権の独立 〕・　・ア 審理をやり直すこと

⑦〔 三審制 〕・　・イ 無実の罪のこと

⑧〔 控訴、上告 〕・　・ウ 1つの事件で裁判は3回まで

⑨〔 冤罪 〕・　・エ 再審査を求める

⑩〔 再審 〕・　・オ 国家機関から干渉されない

【解説】

⑥司法権は、立法権、行政権と並ぶ三権の一つ。公正な裁判をするための決まり事だよ。

⑦日本では、1つの事件で3回まで裁判が受けられる権利があるよ。

⑧第一審から二審へは控訴、第二審から三審（最高裁）は上告というよ。

⑨罪を犯していない人が有罪になる冤罪は、なくさなければならないね。

⑩判決が間違っていたときに、判決前に戻って裁判所が審理をやり直すことだよ。

社会

解答　⑥オ　⑦ウ　⑧エ　⑨イ　⑩ア

⑪［ 民事裁判 ］・　・ア 争いを終わらせること

⑫［ 刑事裁判 ］・　・イ 国民から選ばれた人も参加する制度

⑬［ 原告、被告 ］・　・ウ 殺人や窃盗などの犯罪についてなされる

⑭［ 調停 ］・　・エ 人と人との争いごとについてなされる

⑮［ 裁判員制度 ］・　・オ 訴える人と訴えられる人

【解説】

⑪個人や企業の間でおこす裁判。当人同士では解決できないことを訴えるよ。

⑫警察が容疑者を逮捕し、検察が裁判所に訴えて裁判を行い、判決をくだすよ。

⑬民事裁判では両方に代理人がつき（本人訴訟も可能）、刑事裁判では被告人に弁護士がつくよ。

⑭第三者が間に入って、民事事件についての争いを終えること。

⑮有権者の中から無作為（同じ確率）に選ばれた裁判員が、裁判に出席するんだよ。

解答 ⑪エ ⑫ウ ⑬オ ⑭ア ⑮イ

齋藤孝先生の解説

正しいか正しくないかを判断するのが裁判所の仕事

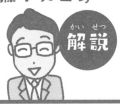

裁判所は**「司法権」**を持っていて、立法府（国会）や行政府（内閣）から干渉されない（＝干渉してはいけない）ということで**「司法権の独立」**というんだ。裁判を受けるのは国民の権利であり、憲法でも保障されているよ。

裁判には刑事裁判・民事裁判があるけど、民事裁判の中でも国や地方公共団体などの行政機関に対して裁判を起こすことは**「行政訴訟」**といって、水俣病訴訟やハンセン病訴訟、薬害エイズ訴訟などがあるね。裁判所には**「違憲立法審査権」**があって、法律や行政命令が憲法に違反していないかを審査できるんだけど、憲法違反かどうかを最終的に判断できるのは最高裁判所だけなんだよ。だから、最高裁判所は**「憲法の番人」**と呼ばれているんだ。

2004年に**「裁判員法」**ができて、裁判員制度が導入されたね。みんなも20歳になったら裁判員に選ばれる可能性があるから、もし自分が選ばれたら、と考えてみるといいね。

(　　)月(　　)日

社会 11

縄文・弥生・古墳時代の覚えておくべきこと

問題

次のできごとに関する説明として正しいものをア〜オから選んで線で結ぼう。

①〔 縄文土器 〕
②〔 土偶 〕
③〔 貝塚 〕
④〔 稲作 〕
⑤〔 弥生土器 〕

ア 古代の人が捨てた貝殻、動物や魚の骨が積もった遺跡
イ 東京都文京区弥生、つぼが多い
ウ 縄目の文様、野焼き
エ 女性の姿をかたどる、ハート形もある
オ 畑地から水田へ、中国から伝わった

【解説】

①素焼きの土器、縄目じゃないものもある。

②豊かな実りの象徴として、女性の豊かな体をイメージ。

③東京の大森貝塚が有名。当時の生活の様子がわかる。

④縄文時代は陸稲。弥生時代に、今の水田による稲作が始まったよ。

⑤弥生土器が出土した向ヶ丘貝塚があった場所が弥生。

解答 ①ウ ②エ ③ア ④オ ⑤イ

⑥〔 青銅器 〕・　・ア 卑弥呼、九州説と近畿説

⑦〔 豪族 〕・　・イ 王や豪族のお墓

⑧〔 邪馬台国 〕・　・ウ 聖徳太子、飛鳥寺建立

⑨〔 古墳 〕・　・エ 蘇我氏、大伴氏、大和政権

⑩〔 蘇我馬子 〕・　・オ 銅とスズの合金、メソポタミアで作られたと言われている

【解説】

⑥弥生時代から古墳時代にかけて中国から伝わった、鏡や剣など。

⑦今の奈良県あたりで勢力を持って、政治を行ったよ。

⑧女王・卑弥呼がおさめていた国。九州地方あるいは近畿地方にあったという説があるよ。

⑨前方後円墳、前方後方墳、円墳、方墳などの形があるよ。

⑩推古天皇の時代に、聖徳太子とともに政治を行ったよ。

解答　⑥オ　⑦エ　⑧ア　⑨イ　⑩ウ

⑪〔 大和政権 〕	ア 地面より高い床、吉野ヶ里遺跡	⑪4世紀ごろから西日本で勢力を持っていたよ。朝鮮の高句麗と戦ったよ。
⑫〔 渡来人 〕	イ 朝鮮遠征、大化の改新まで	⑫金属の加工や織物の技術、仏教などを日本にもたらしたよ。
⑬〔 出雲大社 〕	ウ 古墳のまわりに並べる素焼きの土製品	⑬島根県出雲市にあり、オオクニヌシがまつられているよ。出雲大社ともいう。
⑭〔 高床式住居 〕	エ 中国から来た人、中国の文化をもたらした	⑭動物の害や水害から守るため、地面より高いところに床を作った建物。
⑮〔 埴輪 〕	オ オオクニヌシ、国宝	⑮古墳のまわりや上に並べた、素焼きの土器のことだよ。

【解説】 (right column above)

解答　⑪イ　⑫エ　⑬オ　⑭ア　⑮ウ

齋藤孝先生の

遺跡は昔の生活を知るのにとても役に立つものなんだ

『古事記』や『日本書紀』などに登場する、伝説上の初代天皇が**神武天皇**。天上世界・高天原から地上に来た、**ニニギノミコト**の子孫とされているよ。紀元前7世紀ごろだね。古代から中世くらいまでは**自給自足**の生活だったよ。食べるもの、着るもの、住むところなどをすべて自分たちの手で作っていたんだね。

弥生時代の社会のことがわかるようになったのは、遺跡が発掘されたからなんだ。代表的なのは佐賀県にある**吉野ケ里遺跡**、静岡県にある**登呂遺跡**などだよ。吉野ケ里遺跡では**竪穴住居**や**高床倉庫**などが見つかっていて、集落の様子がわかったよ。また登呂遺跡では水田の跡が見つかっているよ。

埼玉県の**稲荷山古墳**と熊本県の**江田船山古墳**から、**「ワカタケル大王（雄略天皇）」**の名前をきざんだ**刀剣**が見つかっているよ。

（　　）月（　　）日

社会

12 飛鳥・奈良時代の覚えておくべきこと

問題

次のできごとに関する説明として正しいものをア～オから選んで線で結ぼう。

① 〔冠位十二階の制度〕・　　・ア 世界最古の木造建築、日本初の世界遺産の1つ

② 〔十七条の憲法〕・　　・イ 中国から文化が伝わった、玉虫厨子

③ 〔遣隋使〕・　　・ウ 役人の地位を色で分けたもの

④ 〔法隆寺〕・　　・エ 中国に派遣した、小野妹子

⑤ 〔飛鳥文化〕・　　・オ 聖徳太子、「和を以て貴しとなす」

【解説】

① 紫、青、赤、黄、白、黒の6色を濃い・薄いで地位を12段階に分けたよ。

② 聖徳太子が作った、役人たちの決まり事のようなものだよ。

③ 中国（隋）に使節を派遣して、中国との国交を結ぼうとしたよ。

④ 五重塔、釈迦三尊像、薬師如来像などの国宝があるよ。

⑤ 仏教が伝わり、ギリシャやペルシアなどの文化も中国を通して伝わったよ。

解答　①ウ　②オ　③エ　④ア　⑤イ

【解説】

⑥〔 大化の改新 〕● ● ア 国家の所有、大化の改新で決められた

⑥鎌足が中大兄皇子と協力して蘇我氏をやぶり、年号を大化としたよ。

⑦〔 公地公民 〕● ● イ 藤原鎌足、中大兄皇子（のちの天智天皇）

⑦土地の私有を禁じ、国の持ち物として管理するようになったよ。

⑧〔 大宝律令 〕● ● ウ 国から与えられた田、戸籍にもとづく

⑧鎌足の子の不比等や、天武天皇の子の刑部親王らが古代日本の法典である大宝律令をまとめたよ。

⑨〔 班田収授法 〕● ● エ 土地にまつわる法律、6年に1度支給

⑨6歳以上の男子には約2300㎡、女子にはその3分の2など、与える田の大きさを決めたよ。

⑩〔 口分田 〕● ● オ 藤原不比等、701年に制定

⑩収穫したお米の一部を国に納めることになっていたよ。

社会

解答 ⑥イ ⑦ア ⑧オ ⑨エ ⑩ウ

⑪［国司、郡司］・　・ア 日本最古の歴史物語、太安万侶が編纂

⑫［日本武尊］・　・イ 土地の私有を認める、三世一身法の次の法律

⑬［校倉造］・　・ウ 派遣される役人、律令制度による任命

⑭［古事記］・　・エ 伝説上の英雄、死後は白鳥になったという説がある

⑮［墾田永年私財法］・　・オ 建築様式、高床式

【解説】

⑪朝廷からそれぞれの国に派遣されて、統治していたよ。

⑫戦いが得意で、南九州の熊襲を倒したことで、この名をもらったよ。

⑬三角や四角の材木を組んで壁にしたもの。東大寺の正倉院が代表的だよ。

⑭イザナギとイザナミの国生みの話などが語られているよ。

⑮「三世一身法」から20年後に自分で開墾した土地は、永遠に自分のものにしていいという法律ができた。

解答 ⑪ウ ⑫エ ⑬オ ⑭ア ⑮イ

齋藤孝先生の解説

日本で初めてお寺が建立されたのが飛鳥時代

北九州や壱岐、対馬などを警護する**「防人」**という仕事があって、主に東国（近畿より東の地域）の農民たちがかり出されたんだ。防人が故郷を離れるさびしさをうたった**「防人歌」**や、東国の方言でうたった**「東歌」**は、『万葉集』にのっているよ。また、今は税をお金で納めているけれど、古代は**租庸調**といって、稲や特産物、塩などを納めていたんだよ。

飛鳥時代につくられた**飛鳥寺**は、**蘇我馬子**が日本初のお寺として建立したものだよ。当時の文化は**「飛鳥文化」**といって、仏教芸術がさかんだった時代だよ。

奈良時代に入ると**大宝律令**という法典が定められたよ。律は今でいう刑法、令は行政の法律にあたるね。この時代になると、寺社や貴族・豪族たちは自分の土地**「荘園」**を持つようになったよ。農民たちを使って土地を開墾して農地にし、自分たちで米を収穫するようになったんだね。

（　　）月（　　）日

社会 13

平安・鎌倉時代の覚えておくべきこと

問題

次のできごとに関する説明として正しいものをア～オから選んで線で結ぼう。

①〔平安京〕

②〔摂関政治〕

③〔平等院〕

④〔国風文化〕

⑤〔寝殿造〕

ア 藤原道長の別荘、阿弥陀如来坐像

イ 貴族の屋敷の様式、「渡殿」という廊下

ウ かな文字の発明、『古今和歌集』の編纂

エ 794年、桓武天皇

オ 摂政、関白が主導権をもつ政治

【解説】

①奈良から京都に都を移した。中国の唐の都・長安をお手本にしたよ。

②摂政・関白は天皇を助けて政治をする役目。藤原氏が中心だったよ。

③道長の別荘をお寺にして、頼通が鳳凰堂などを建てたよ。

④日本独自の文化で、かな文字が発明され、和歌がさかんになったよ。

⑤寝殿と対屋と呼ぶ棟を渡殿という渡り廊下でつないだ建物だよ。

解答 ①エ ②オ ③ア ④ウ ⑤イ

⑥〔『源氏物語』〕・　・ア 清少納言

⑦〔『枕草子』〕・　・イ 宮廷を舞台にした長編小説

⑧〔天台宗〕・　・ウ 御家人制度、執権政治

⑨〔保元・平治の乱〕・　・エ 比叡山延暦寺

⑩〔鎌倉幕府〕・　・オ 平氏と源氏、武士が政権を握る

【解説】

⑥紫式部が貴族の文化や風俗を描いた小説で、外国にもたくさん翻訳されているよ。

⑦一条天皇の妻・中宮定子に仕えていた清少納言が書いた、エッセイだよ。

⑧中国から最澄が伝え、延暦寺でひらいた宗派。法華経をベースにしたよ。

⑨保元の乱で平氏と源氏が朝廷と貴族に勝ち、平治の乱で平氏が源氏に勝ったよ。

⑩将軍に仕えていた御家人の中で力を持った北条氏が、後に実権をにぎったよ。

社会

解答　⑥イ　⑦ア　⑧エ　⑨オ　⑩ウ

⑪〔 守護、地頭 〕・

⑫〔 承久の乱 〕・

⑬〔 元寇 〕・

⑭〔 御成敗式目 〕・

⑮〔 『平家物語』 〕・

・ア 後鳥羽上皇、北条義時

・イ 琵琶法師

・ウ 幕府の役人、年貢の徴収

・エ 文永の役、弘安の役

・オ 日本初の武家法、貞永式目ともいう

【解説】

⑪守護は軍事をつかさどる役人、地頭は土地の管理をする役人だよ。

⑫後鳥羽上皇が鎌倉幕府を倒そうとしたけれど、失敗したよ。

⑬中国を征服した元が2回日本を襲撃に来たけど、撃退。でも幕府の力は弱まったよ。

⑭北条泰時が制定したもので、江戸幕府の法令にも影響を与えたよ。

⑮平家の栄枯盛衰を、琵琶法師が語りとして伝えていった物語。

 解答 ⑪ウ ⑫ア ⑬エ ⑭オ ⑮イ

齋藤孝先生の解説

貴族の世の中から武士の世の中へと変わっていった時代

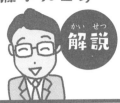

平安時代には有職故実という武士や貴族のしきたりがあったよ。行事には決まった作法があり、それを守る文化が根付いていたんだ。文学作品としては日本最古の物語とされる『竹取物語』が生まれ、『伊勢物語』『大鏡』などもあらわされたよ。平安時代の終わりには「源平合戦」が起こったよ。これは源氏と平氏の戦いで、**治承・寿永の内乱**ともいうんだ。平氏の政治に対する不満が高まり、源氏が兵をあげて戦いをいどみ、いくつかの合戦を経て**壇ノ浦の戦い**で源氏が平氏に勝って終わったよ。これ以降、鎌倉時代に入るんだね。

貴族が力を持っていた平安時代から一転、鎌倉時代は武士の社会になったんだ。鎌倉幕府の将軍の力が弱まると、北条氏たち**執権**の合議（話し合い）によって政治を行う**執権政治**になっていったよ。一方、**朝廷**（天皇のいるところ）では、天皇が引退して**上皇**になった後、そのまま実権をにぎって政治を行う**院政**が始まったよ。

(　　)月(　　)日

社会 14

室町・戦国時代の覚えておくべきこと

問題

次のできごとに関する説明として正しいものをア〜オから選んで線で結ぼう。

①〔応仁の乱〕・
②〔金閣〕・
③〔日明貿易〕・
④〔戦国大名〕・
⑤〔書院造〕・

・ア 書院が中心にある、障子やふすま
・イ 下剋上、今川、武田、上杉、織田氏など
・ウ 約11年続いた、細川氏と山名氏
・エ 北山文化の代表、正式には鹿苑寺
・オ 勘合貿易、遣明船

【解説】

①守護大名（力のある役人）たちの勢力争い。この後で戦国時代に入るよ。

②室町幕府3代将軍足利義満の山荘。2階と3階に金ぱくをはったよ。

③「勘合符」という札を持って中国（明）と貿易をしたよ。

④武田氏、上杉氏、織田氏など、下剋上で守護大名に勝った人たちだよ。

⑤居間・書斎の「書院」を中心にすえた。貴族の寝殿造を武家に取り入れたよ。

解答 ①ウ ②エ ③オ ④イ ⑤ア

⑥〔 能 〕・　・ア 種子島、長篠の戦い

⑦〔 茶の湯 〕・　・イ 自由な商工業、税の免除と「座」の特権廃止

⑧〔 鉄砲伝来 〕・　・ウ フランシスコ・ザビエル

⑨〔 キリスト教の伝来 〕・　・エ 観阿弥、世阿弥

⑩〔 楽市楽座 〕・　・オ 千利休

【解説】

⑥歌と舞踊の古典芸能。観阿弥、世阿弥親子が大成させたよ。

⑦安土桃山時代に、千利休が今に続く茶道を形づくったよ。

⑧1543年、種子島に来たポルトガル人がもたらした。信長が戦で効果的に使ったよ。

⑨1549年にポルトガルから来たザビエルが、キリスト教の布教を始めたよ。

⑩特権的な組合「座」をなくして、自由な経済活動ができるようにしたよ。

解答 ⑥エ ⑦オ ⑧ア ⑨ウ ⑩イ

⑪〔 桶狭間の戦い 〕●

● ア 農民と武士を区別

⑪今川軍を破った信長は、その後、徳川家康と手を組むことになるよ。

⑫〔 本能寺の変 〕●

● イ 土地の測量、石高（米の収穫量）を決めた

⑫光秀が本能寺にいた信長を襲い、自害させた。光秀は秀吉に敗れたよ。

⑬〔 天下統一 〕●

● ウ 明智光秀の謀反

⑬秀吉は信長の後をついで、天下統一を果たした。武士、貴族、寺社を支配したよ。

⑭〔 検地 〕●

● エ 豊臣秀吉が1590年に全ての武将を従えた

⑭土地を測って、それぞれが納めるべき年貢を決めたんだよ。

⑮〔 刀狩 〕●

● オ 織田信長、今川義元

⑮農民から武器を取り上げることで、武士と身分を区別したんだよ。

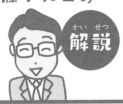

齋藤孝先生の解説

武士がもっとも栄えた時代で外国との交易も盛んに行われたんだ

室町時代のはじめには、朝廷が南朝・北朝に分かれていた**「南北朝時代」**があるよ。天皇家が大覚寺統（**南朝**）と持明院統（**北朝**）に分かれていたんだ。大覚寺統の後醍醐天皇が武家政権の鎌倉幕府を滅ぼした後、公家を中心にした**「建武の新政」**を行ったんだけど、これは2年半ほどしか続かなかった。その後に足利尊氏が開いたのが、**室町幕府**だよ。

室町時代は金閣の北山文化、銀閣の**東山文化**、また**能**に加えて**狂言**も生まれ、文化の華が開いた時代だったんだね。

戦国時代になると、その名の通り、一気に戦がさかんになってくるんだ。とはいっても、外国との貿易はさかんで、スペインやポルトガルとの間で**南蛮貿易**が行われていたよ。中国の**絹織物**や南方の**香料**、また鉄砲や**火薬**も日本にもたらされ、日本からは対価として**銀**を支払っていたんだよ。

（　　）月（　　）日

社会 15

江戸時代の覚えておくべきこと

問題

次のできごとに関する説明として正しいものをア～オから選んで線で結ぼう。

① 〔関ヶ原の戦い〕
② 〔江戸幕府〕
③ 〔武家諸法度〕
④ 〔参勤交代〕
⑤ 〔朱印船貿易〕

ア 東南アジア、銀や銅の輸出
イ 西軍vs東軍、1日で決着がついた
ウ 大名行列、宿場町が発達
エ 徳川秀忠、大名の統制
オ 江戸（東京）にひらき、267年続いた

【解説】

①石田三成の西軍と、徳川家康の東軍が戦って、家康が勝ったよ。

②徳川家康が1603年に今の東京に開いた武家政権。

③2代将軍秀忠のときに初めて制定した大名の決まり。

④3代将軍家光のときに制度化。大名は国元と江戸を1年ごとに行き来するんだよ。

⑤幕府による朱印状を持った船が、東南アジアなどと貿易をしたよ。

解答 ①イ ②オ ③エ ④ウ ⑤ア

⑥〔 島原の乱 〕・　　・ア 歌川広重、日本橋から三条大橋まで

⑦〔 鎖国 〕・　　・イ 日本橋が起点、関所

⑧〔 五人組 〕・　　・ウ キリスト教の禁止、オランダ・中国とのみ交易

⑨〔『東海道五十三次』〕・　　・エ 5戸一組、豊臣秀吉が始めた

⑩〔 五街道 〕・　　・オ 天草四郎、キリシタンが中心

【解説】

⑥長崎の島原と熊本の天草で、天草四郎を中心に農民が起こした一揆。

⑦キリスト教禁止と幕府が貿易を管理するため、外国との行き来を制限したよ。

⑧農民や町人が互いに監視しあい、年貢の連帯責任を負うために五人組制度を作ったよ。

⑨江戸から京都までの53の宿場をえがいた作品だよ。

⑩江戸時代にできた東海道、中山道、甲州街道、日光街道、奥州街道。

解答 ⑥オ ⑦ウ ⑧エ ⑨ア ⑩イ

⑪〔 享保の改革 〕・　・ア 徳川慶喜、「船中八策」

⑫〔大塩平八郎の乱〕・　・イ ペリー総督

⑬〔 黒船来航 〕・　・ウ 坂本龍馬、西郷隆盛、桂小五郎

⑭〔 薩長同盟 〕・　・エ 徳川吉宗、目安箱

⑮〔 大政奉還 〕・　・オ 農民が大商人をおそう、半日で収束

【解説】

⑪「倹約令」や参勤交代の短縮など、財政立て直し策を打ち出したよ。

⑫天保の飢饉に苦しんだ大坂の大塩平八郎らが、米を買い占めた商人をおそったよ。

⑬鎖国の日本に対して、アメリカのペリーが開国を迫ってきたんだよ。

⑭龍馬は対立していた薩摩藩と長州藩を結びつけ、幕府を倒すと誓い合ったよ。

⑮反幕府派が勢力を強め、15代将軍徳川慶喜は、朝廷に政権を返したよ。

解答 ⑪エ ⑫オ ⑬イ ⑭ウ ⑮ア

齋藤孝先生の

解説

「天下泰平」の江戸時代もたくさんのことが起こったよ

綱吉とそのゆかいな仲間たち
動物LOVE

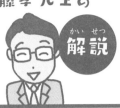

江戸時代は戦のない時代だったけど、その反面農作物が不作になる「飢饉」があったんだよ。江戸の三大飢饉としては、**「享保の飢饉」「天明の飢饉」「天保の飢饉」**がある。そこで幕府は**「享保の改革」「寛政の改革」「天保の改革」**を行って、立て直しをはかったんだよ。江戸については飢饉と改革をセットで覚えるといいね。飢饉だけでなく、年貢の取り立てに苦しんだ百姓たちが起こした反乱は**「百姓一揆」**というよ。

みんなも聞いたことがあるかもしれないけれど、動物を保護する**「生類憐みの令」**を出したのは、5代将軍**徳川綱吉**だよ。でも、人間よりも動物を重んじるようなもので、反発も多かったんだね。

江戸幕府には**「三奉行」**という役職があって、お寺や神社を管理する**「寺社奉行」**、警察や裁判所の役割をする**「町奉行」**、財政を管理する**「勘定奉行」**の三つのことだよ。

(　　)月(　　)日

社会 16

明治・大正・昭和・平成の覚えておくべきこと

問題

次のできごとに関する説明として正しいものをア～オから選んで線で結ぼう。

①〔明治維新〕・　　・ア 日本が近代国家へ、富国強兵

②〔廃藩置県〕・　　・イ 民選議院設立建白書、国民による政治参加

③〔西南戦争〕・　　・ウ 群馬県富岡市、殖産興業政策

④〔富岡製糸場〕・　　・エ 府と県をおき、中央集権へ

⑤〔自由民権運動〕・　　・オ 鹿児島県、田原坂

【解説】

①国の経済や軍事力を発展させ、近代化を目指した政策だよ。

②「藩」をやめて「府」と「県」をおいて、明治政府に権力が集中するようにしたよ。

③西郷隆盛を中心とした、鹿児島の武士たちによる反乱だよ。

④日本初の官営模範工場。フランスから技師を招き、武士の娘を集めて技術を習得させたよ。

⑤板垣退助らが、国会開設や憲法制定などを要求したものだよ。

解答　①ア　②エ　③オ　④ウ　⑤イ

⑥［ 米騒動 ］ ● ● ア 民主政治、日本国憲法で保障

⑦［ 普通選挙 ］ ● ● イ 第二次世界大戦終結

⑧［ 原子爆弾 ］ ● ● ウ 富山県、寺内正毅内閣

⑨［ ポツダム宣言 ］ ● ● エ 1950年代後半、首都高速道路

⑩［ 高度経済成長 ］ ● ● オ 広島、長崎

【解説】

⑥商人が米を買い占めて値上がりしたことで、富山の主婦が騒動を起こしたのがきっかけ。

⑦1925年に男性の普通選挙、1945年に女性も含む普通選挙が実現したよ。

⑧1945年8月、アメリカによる原子爆弾で広島、長崎はたくさんの犠牲者が出たよ。

⑨ポツダム宣言を受諾することで、日本の第二次世界大戦敗戦が確定したよ。

⑩1950年代後半から1970年代にかけて日本経済は急成長し、経済大国になったよ。

社会

解答 ⑥ウ ⑦ア ⑧オ ⑨イ ⑩エ

⑪〔東海道新幹線〕・

⑫〔1964年東京オリンピック〕・

⑬〔冷戦〕・

⑭〔阪神・淡路大震災〕・

⑮〔東日本大震災〕・

・ア 1995年1月17日、液状化現象

・イ アメリカとソ連の対立、1989年に終結

・ウ 1964年開通、JR東海

・エ 福島第一原子力発電所

・オ アジア初の開催、10月10日開会式

【解説】

①1964年10月の東京オリンピック直前の1月に開通。東京と新大阪を結んだよ。

②それまでのオリンピックで最多の93の国と地域、選手5152人が参加したよ。

③アメリカなどの資本主義と、ソビエト連邦らの社会主義との対立をいうよ。

④兵庫県を中心に起こった震災。関東大震災以来の、都市における直下型地震だったよ。

⑤東北から関東まで大きな被害をもたらした。原発事故も起こったよ。

解答 ⑪ウ ⑫オ ⑬イ ⑭ア ⑮エ

齋藤孝先生の

急速な近代化から未来へ

明治時代に入ってから近代化を推し進めていった日本では、**「文明開化」**の波が押し寄せたんだ。**「学制」**という学校の制度を決めたり、**太陽暦（現在のカレンダー）を採用**したり、また**鉄道の開通**や**郵便の開設**もスタートしたよ。

その一方で、近代以降の日本は外国とたびたび戦争をしたんだ。1894年に中国との**「日清戦争」**、1904年にロシアとの**「日露戦争」**、1937年に中国との**「日中戦争」**、そして1941年にはアメリカ・イギリス軍と**「太平洋戦争」**が始まったよ。戦後は高度経済成長期で、日本経済は右肩上がりになっていったね。

また、今では男女平等が当たり前だけど、戦前までは女性の地位が低かったんだ。女性は選挙権もなかったんだけど、平塚らいてうたちの**婦人参政権運動**がようやく実って、1945年に実現したよ。

( )月( )日

社会

17 世界の偉人

問題

次の偉人に関する説明として正しいものをア～オから選んで線で結ぼう。

①〔 孔子 〕

②〔 ニーチェ 〕

③〔 チャップリン 〕

④〔 ナイチンゲール 〕

⑤〔 キュリー夫人 〕

ア 2回のノーベル賞、ポロニウム、ラジウム

イ 論語、儒教の開祖

ウ パントマイム、『モダン・タイムス』

エ 哲学者、『ツァラトゥストラはかく語りき』

オ クリミア戦争、赤十字設立の契機

【解説】

①孔子の説いた「仁義礼智忠信孝悌」は、日本人にも影響を与えているよ。

②「神は死んだ」という言葉で、キリスト教的世界観を否定した人だよ。

③声を出さずに身振り手振りで感情表現をするパントマイムの達人だよ。

④クリミア戦争で看護師のリーダーとして活躍し、多くの兵士を救ったよ。

⑤ノーベル物理学賞は夫と二人で、化学賞は一人で受賞したよ。

解答 ①イ ②エ ③ウ ④オ ⑤ア

⑥〔ヘレン・ケラー〕 ● ● ア『東方見聞録』

⑦〔マルコ・ポーロ〕 ● ● イ 共同体感覚、フロイトと対立

⑧〔ガリレオ・ガリレイ〕 ● ● ウ 無知の知、弟子にプラトン

⑨〔アドラー〕 ● ● エ 三重苦の障がい、サリバン先生

⑩〔ソクラテス〕 ● ● オ 地動説、近代自然科学の祖

【解説】

⑥3回来日して、日本に「身体障害者福祉法」ができるきっかけになったよ。

⑦イタリアからアジアに旅した人。日本のことは「ジパング」と紹介したよ。

⑧地球などの惑星が太陽のまわりをまわる「地動説」を主張したよ。

⑨みんなといい関係になることを「共同体感覚」といっているよ。

⑩「知らないということを知っている」ことを「無知の知」というんだね。

社会

解答 ⑥エ ⑦ア ⑧オ ⑨イ ⑩ウ

⑪ デカルト	ア 『ひまわり』、「炎の画家」と呼ばれた	⑪すべてを疑っても、今考えている自分の存在は疑えないということだよ。
⑫ レオナルド・ダ・ヴィンチ	イ 「われ思う、ゆえにわれあり」、「近代哲学の父」	⑫画家としてもすごいけど、ヘリコプターの原型も考えたんだよ。
⑬ モネ	ウ 『マタイ受難曲』、「音楽の父」	⑬『睡蓮』など、日本でも人気の印象派の代表的な画家だよ。
⑭ ゴッホ	エ 印象派、『印象・日の出』	⑭代表作が『ひまわり』。画家としてはたった10年しか活動しなかったよ。
⑮ バッハ	オ 『モナ・リザ』、『最後の晩餐』	⑮16～18世紀にヨーロッパでさかんだったバロック音楽の代表格の作曲家。

【解説】は右列

解答 ⑪イ ⑫オ ⑬エ ⑭ア ⑮ウ

齋藤孝先生の

解説

世界の偉人、気になった人がいたら自伝も読んでみよう！

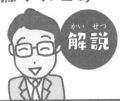

世界にもたくさんの偉人がいるね。日本でも人気がある中国の歴史書**『三国志』**に出てくる**諸葛孔明**は、蜀の国の皇帝・**劉備**に見いだされた人で、人望もあり戦術にもたけていた人だよ。目上の人がすぐれた人を大切にむかえるという意味の**「三顧の礼」**という言葉は、劉備と孔明の話が元になっているよ。

アメリカの**リンカーン**は、北部と南部が戦争をして分断されていたのを統一した人。そして、それまでたくさんいた黒人の奴隷を解放する**「奴隷解放宣言」**を出したよ。

インドの**ガンジー**は**「非暴力・不服従」**を掲げてインドを独立に導いた「インド独立の父」で、ガンジーの影響を受けたのがアメリカの**キング牧師**。差別されていた黒人たちが正当な権利が得られるように運動をしたよ。南アフリカの**ネルソン・マンデラ**は、白人による黒人の隔離政策**「アパルトヘイト」**を終わらせて、ノーベル平和賞を受賞したんだよ。

5 章（しょう）

英語（えいご）

(　　)月(　　)日

英語

01 1週間と教科

問題

①～⑮の正しい英語を右のページの❶～⑮から選んで入れてみよう。

	月 ①(　　　)	火 ②(　　　)	水 ③(　　　)
1	国語 ⑧(　　　)	英語 ⑨(　　　)	算数 ⑩(　　　)
2	体育 ⑫(　　　)	音楽 ⑬(　　　)	理科 ⑪(　　　)
3	算数 ⑩(　　　)	算数 ⑩(　　　)	体育 ⑫(　　　)
4	社会 ⑭(　　　)	理科 ⑪(　　　)	音楽 ⑬(　　　)
5	音楽 ⑬(　　　)	体育 ⑫(　　　)	社会 ⑭(　　　)
6	図工 ⑮(　　　)	国語 ⑧(　　　)	

❶Wednesday ❷Saturday ❸Friday
❹Tuesday ❺Sunday ❻Thursday ❼Monday
❽Japanese ❾Arithmetic ❿Science
⓫Society ⓬English ⓭Music
⓮Drawing and crafts ⓯Physical education

木(もく) ④( )	金(きん) ⑤( )	土(ど) ⑥( )	日(にち) ⑦( )
理科(りか) ⑪( )	算数(さんすう) ⑩( )		
体育(たいいく) ⑫( )	社会(しゃかい) ⑭( )		
図工(ずこう) ⑮( )	体育(たいいく) ⑫( )		
英語(えいご) ⑨( )	理科(りか) ⑪( )		
国語(こくご) ⑧( )	国語(こくご) ⑧( )		
算数(さんすう) ⑩( )	音楽(おんがく) ⑬( )		

英語(えいご)

解答(かいとう) ①❼ ②❹ ③❶ ④❻ ⑤❸ ⑥❷ ⑦❺ ⑧❽ ⑨⓬ ⑩❾ ⑪❿ ⑫⓯ ⑬⓭ ⑭⓫ ⑮⓮

（　　）月（　　）日

英語

02 一般表現

問題

次の①～㉔の言葉に合う英語を選んで線で結ぼう。

①［おはよう］	ア Good bye.
②［こんにちは］	イ I'm sorry.
③［こんばんは］	ウ Good morning.
④［おやすみなさい］	エ You are welcome.
⑤［さようなら］	オ Good evening.
⑥［ありがとう］	カ Good afternoon.
⑦［どういたしまして］	キ Good night.
⑧［ごめんなさい］	ク Thank you.

解答　①ウ　②カ　③オ　④キ　⑤ア　⑥ク　⑦エ　⑧イ

⑨ 〔 お元気ですか？ 〕 ● ● **ケ** How do you do?

⑩ 〔 よい一日を 〕 ● ● **コ** I had a good time.

⑪ 〔 おいしいです 〕 ● ● **サ** Have a nice day.

⑫ 〔 はじめまして、ごき
げんいかがですか？ 〕 ● ● **シ** See you.

⑬ 〔 また会いましょう 〕 ● ● **ス** I'm from Japan.

⑭ 〔 楽しかったです 〕 ● ● **セ** How are you?

⑮ 〔 私は日本
から来ました 〕 ● ● **ソ** Let's play together!

⑯ 〔 一緒に
遊びましょう 〕 ● ● **タ** It's delicious.

英語

解答 ⑨セ ⑩サ ⑪タ ⑫ケ ⑬シ ⑭コ ⑮ス ⑯ソ

⑰ 会(あ)えてよかったです	チ Nice to meet you.
⑱ よろしくお願(ねが)いします	ツ Hi!
⑲ 久(ひさ)しぶり！	テ It's such a nice day today, isn't it?
⑳ 大丈夫(だいじょうぶ)ですか？	ト It was nice to meet you.
㉑ やあ！	ナ Are you OK?
㉒ いいお天気(てんき)だね	ニ Good to see you again.
㉓ また会(あ)えてうれしいよ	ヌ What's up?
㉔ 調子(ちょうし)どう？	ネ Long time no see!

解答(かいとう) ⑰ト ⑱チ ⑲ネ ⑳ナ ㉑ツ ㉒テ ㉓ニ ㉔ヌ

齋藤孝先生の

解説

英語にも丁寧な言い方、くだけた言い方があるんだ

英語にも日本語と同じように、改まった挨拶とカジュアルな挨拶があるんだ。「How are you?」よりもくだけた言い方としては**「What's up?」**があるよ。これは友だち同士で「調子はどう?」と言う感じだね。「元気だよ」と言うときは**「I'm fine.」「Great.」**がいいね。それほど元気でないときは**「Not so bad.**（悪くはないよ）」くらいがいいかもね。

別れの挨拶をくだけて言うときは**「See you later.」「See you soon.」**かな。あとは、別れ際の挨拶としては**「Have a nice day.」「Have a nice night.」**があるよ。

丁寧にお礼を言うときは、**「Thank you very much.」**だけど、それよりも改まって言うときは**「I appreciate you.」「I appreciate it.」**がいいね。「感謝しています」というニュアンスかな。くだけたお礼は**「Thanks!」「Cheers!」**と言うといいよ。いずれにしても、お礼は元気よく言うといいね。

( )月( )日

英語

03 動く言葉①

問題

次のカッコの中に数字を入れて英文を完成させよう。

① 野球やらない？

( )( )( )( )?

1.you 2.Do 3.baseball 4.play

うん、やろう！

( ),( )( )!

1.do 2.Yes 3. I

② すっごいサッカーうまいね。

( )( )( )( )( ).

1.soccer 2.very 3.You 4.play 5.well

ありがとう！

( )( )!

1.you 2.Thank

③ ピアノひける？

( )( )( )( )( )?

1.play 2.the 3.Can 4.you 5.piano

うん、ひけるよ。

( ),( )( ).

1.can 2. I 3.Yes

【単語学習】

baseball
野球

soccer
サッカー

piano
ピアノ

解答 ①2-1-4-3／2-3-1 ②3-4-1-2-5／2-1 ③3-4-1-2-5／3-2-1

④ カバン持(も)った？
(　　)(　　)(　　)(　　)(　　)?
1.have　2.your　3.Do　4.you　5.bag
持(も)ってるよ。
(　　),(　　)(　　)(　　)(　　).
1. I　2.Yes　3.my　4.have　5.bag

⑤ 私(わたし)、お姉(ねえ)ちゃん(妹(いもうと))がいるんだ。
(　　)(　　)(　　)(　　).
1.sister　2.a　3. I　4.have
いいなあ！
(　　)(　　)!
1.nice　2.How

⑥ うちに電子(でんし)レンジあるよ。
(　　)(　　)(　　)(　　).
1.a　2.microwave　3.have　4. I
うちも！
(　　)(　　)!
1.too　2.Me

【単語学習(たんごがくしゅう)】
sister
姉(あね)、妹(いもうと)

microwave
電子(でんし)レンジ

英(えい)語(ご)

解答(かいとう)　④3-4-1-2-5／2-1-4-3-5　⑤3-4-2-1／2-1　⑥4-3-1-2／2-1

⑦ 食べ物で何が好き？
(　　　)(　　　)(　　　)(　　　)(　　　)?
1.you　2.What　3.food　4.like　5.do
ケーキが好きだよ。
(　　　)(　　　)(　　　).
1.like　2.cake　3. I

⑧ 猫って好き？
(　　　)(　　　)(　　　)(　　　)?
1.cat　2.like　3.you　4.Do
好きじゃない。
(　　　),(　　　)(　　　).
1.don't　2. I　3.No

⑨ 泳ぐのが好きなんだ。
(　　　)(　　　)(　　　).
1.swimming　2. I　3.like
そうなんだね。
(　　　)(　　　).
1.see　2. I

【単語学習】

food
食べ物

cake
ケーキ

cat
猫

swim
泳ぐ

解答 ⑦2-3-5-1-4／3-1-2 ⑧4-3-2-1／3-2-1 ⑨2-3-1／2-1

齋藤孝先生の解説

英単語の一番後ろに何がついているのか注目してみよう

楽器のピアノは「piano」だけど、ピアノを弾く人のことは何というかな？　そう、**「pianist」**だね。聞いたことあるかもしれないな。

「pianist」の「ist」には、「〜する人」という意味があるんだ。だから、芸術 **(art)** をする人は**「artist」**、科学者は**「scientist」**、小説を書く人は**「novelist」**、歌を歌う人は**「vocalist (singer)」**、専門家は**「specialist」**というんだ。英単語の最後に「ist」がついていたら、何かをする人だから覚えておこう！

電子レンジ「microwave」の**「micro」**とは、「とても小さい」という意味。だから、目に見えない微生物や細菌は**「microbe」**、すごく小さい豆本のことは**「microbook」**、小さいコンピューターは**「microcomputer」**というよ。また、ものすごく細い合成繊維のことは**「microfiber」**で、ここにも「micro」があるね。

英語
04 動く言葉②

問題

次のカッコの中に数字を入れて英文を完成させよう。

① 歩いて駅まで行くところなんです。
(　　)(　　)(　　)(　　)(　　).
1.the　2.station　3.walk　4.to　5. I

気をつけてね!
(　　)(　　)!
1.care　2.Take

② どうやって学校に行くの?
(　　)(　　)(　　)(　　)(　　)(　　)?
1.to　2.How　3.go　4.you　5.school　6.do

歩いて行くよ。
(　　)(　　)(　　)(　　).
1.school　2.walk　3. I　4.to

③ キミの犬、散歩させていい?
(　　)(　　)(　　)(　　)(　　)?
1.dog　2.walk　3.Can　4. I　5.your

いいよ。
(　　),(　　)(　　).
1.can　2.you　3.Yes

【単語学習】
station
駅

解答　①5-3-4-1-2／2-1　②2-6-4-3-1-5／3-2-4-1　③3-4-2-5-1／3-2-1

④ ろうかを走ってはダメ!

(　　　)(　　　)(　　　)(　　　)!

1.passage　2.Don't　3.the　4.run

ごめんなさい。

(　　　)(　　　).

1.I'm　2.sorry

⑤ 走るの好き?

(　　　)(　　　)(　　　)(　　　)?

1.running　2.like　3.Do　4.you

うん、好きだよ。

(　　　),(　　　)(　　　).

1. I　2.do　3.Yes

⑥ 一緒に走りに行かない?

(　　　)(　　　)(　　　)(　　　)(　　　)?

1.with　2.run　3.me　4.Do　5.you

ぜひ、よろこんで。

(　　　)(　　　)(　　　).

1.means　2.By　3.all

【単語学習】

passage
ろうか

解答　④2-4-3-1／1-2　⑤3-4-2-1／3-1-2　⑥4-5-2-1-3／2-3-1

⑦ 泳(およ)げる?

(　　　)(　　　)(　　　)?

1.swim　2.Can　3.you

うん、泳(およ)げるよ。

(　　　),(　　　)(　　　).

1.Yes　2.can　3. I

⑧ 川(かわ)で泳(およ)がない?

(　　　)(　　　)(　　　)(　　　)(　　　)(　　　)?

1.in　2.river　3.you　4.Do　5.swim　6.the

いいね。

(　　　),(　　　)(　　　).

1.do　2. I　3.Yes

⑨ 私(わたし)、泳(およ)ぎが得意(とくい)なの。

(　　　)(　　　)(　　　)(　　　)(　　　).

1.at　2. I　3.swimming　4.good　5.am

すごーい!

(　　　)(　　　)(　　　)!

1.great　2.is　3.It

【単語学習(たんごがくしゅう)】

river

川(かわ)

解答(かいとう)　⑦2-3-1／1-3-2　⑧4-3-5-1-6-2／3-2-1　⑨2-5-4-1-3　3-2-1

齋藤孝先生の

英語のスペルに注目してみると仲間分けができるよ！

駅のことを「station」といって、はじめに「sta」がつくよね。この「sta」はもともと**「stand」**で、「立つ」という意味なんだ。「立ちなさい」を**「Stand up」**というから、聞いたことがあるかもね。他に「sta」のつく言葉は、持続するという意味の**「constant」**、すぐのという意味の**「instant」**があって、これは「インスタントラーメン」を思い出すかな。**「install」**は導入するという意味で、パソコンでよく聞く言葉だね。こうして関連づけて英単語を覚えていくといいよ。

ろうかを**「passage」**というけど、この**「pass」**は「通る」という意味なんだ。銀行で発行される通帳は**「passbook」**、入場券は**「pass check」**、「合格した」は**「passed」**というんだ。どれも「通る」「通りすぎる」という意味があるよね。ボールをパスする人や通行人のことは**「passer」**というよ。

(　　)月(　　)日

英語

05 動く言葉③

問題

次のカッコの中に数字を入れて英文を完成させよう。

① 朝食は何時？

(　　)(　　)(　　)(　　)(　　)(　　)?

1.breakfast　2.What　3.eat　4.you　5.do　6.time

7時に食べるよ。

(　　)(　　)(　　)(　　)(　　)(　　).

1.at　2.I　3.breakfast　4.eat　5.seven　6.o'clock

② 何を食べているの？

(　　)(　　)(　　)(　　)?

1.you　2.eat　3.do　4.What

ピザだよ。

(　　)(　　)(　　).

1.I　2.pizza　3.eat

③ お昼ごはん、どこで食べるの？

(　　)(　　)(　　)(　　)(　　)?

1.eat　2.do　3.Where　4.you　5.lunch

昼は家で食べるよ。

(　　)(　　)(　　)(　　)(　　).

1.home　2.at　3.I　4.lunch　5.eat

【単語学習】

breakfast
朝食

pizza
ピザ

lunch
昼食

解答 ①2-6-5-4-3-1／2-4-3-1-5-6 ②4-3-1-2／1-3-2 ③3-2-4-1-5／3-5-4-2-1

④ 潜水艦の操縦士になりたいんだ。

(　　)(　　)(　　)(　　)(　　)(　　)(　　).

1.be　2.want　3.submarine　4. I　5.to　6.a　7.pilot

それはステキ!

(　　　),(　　　)!

1.wonderful　2.So

⑤ 医者になりたいの?

(　　)(　　)(　　)(　　)(　　)(　　)?

1.doctor　2.a　3.Do　4.you　5.want　6.be

そうなんだ。

(　　　),(　　　)(　　　).

1.do　2. I　3.Yes

⑥ 料理したい?

(　　)(　　)(　　)(　　)(　　)?

1.want　2.to　3.Do　4.cook　5.you

ううん、したくない。

(　　　),(　　　)(　　　).

1. I　2.don't　3.No

【単語学習】

submarine
潜水艦

wonderful
すばらしい

doctor
医者

cook
料理する

解答　④4-2-5-1-6-3-7／2-1　⑤3-4-5-6-2-1／3-2-1　⑥3-5-1-2-4／3-1-2

⑦ 今日は何するの？
(　　　)(　　　)(　　　)(　　　)(　　　)?
1.today　2.do　3.you　4.What　5.do
本を読むんだ。
(　　　)(　　　)(　　　)(　　　).
1.book　2.read　3. I　4.a

⑧ 何読んでるの？
(　　　)(　　　)(　　　)(　　　)?
1.What　2.read　3.you　4.do
教科書だよ。
(　　　)(　　　)(　　　)(　　　).
1.read　2. I　3.the　4.textbook

⑨ 図書館で一緒に読書しようよ。
(　)(　)(　)(　)(　)(　)(　)(　).
1.the　2.together　3.book　4.a　5.library　6.Let's　7.read　8.in
いいね、そうしよう！
(　　　)(　　　)(　　　)!
1.so　2.Let's　3.do

【単語学習】
textbook
教科書

library
図書館

解答　⑦4-5-3-2-1／3-2-4-1　⑧1-4-3-2／2-1-3-4　⑨6-7-4-3-2-8-1-5／2-3-1

齋藤孝先生の
解説

英語の「潜水艦」と「地下鉄」に共通するスペルを知っているかな？

キミのセーター
いい texture
だね〜
すり
すり

潜水艦を表す「submarine」。**「marine」**は「マリンルック」や「マリンタワー」など、海にかかわる言葉で聞いたことがあるかもね。では、前につく「sub」はどうかな？「サブリーダー」「サブキャプテン」など、思いつくかもしれないね。「sub」には「下の」という意味があるんだよ。**「subway」**は地下鉄、**「subtitle」**は字幕という意味なんだ。特定の人たちの独自の文化のことは**「subculture」**、意識下のという意味の言葉は**「subliminal」**というから、あわせて覚えてしまおう。

教科書は「textbook」だけど、「text」の意味は想像できるかな？　これは「本文」という意味なんだ。文章のすじみちのことを「文脈」というんだけど、これは英語で**「context」**というよ。そして、「text」は言葉を織り重ねたものというイメージから、「**textile**（織物）」や「**texture**（手ざわり）」という言葉もあるよ。

(　　)月(　　)日

英語

06 動く言葉④

問題

次のカッコの中に数字を入れて英文を完成させよう。

① 昨日はどこに行ったの?

(　　)(　　)(　　)(　　)(　　)?

1.go 2.Where 3.you 4.did 5.yesterday

公園に行ったよ。

(　　)(　　)(　　)(　　)(　　).

1.to 2. I 3.went 4.park 5.the

② 岬に行こうよ!

(　　)(　　)(　　)(　　)(　　)!

1.cape 2.go 3.Let's 4.the 5.to

いいね!

(　　)(　　)!

1.right 2.All

③ パーティには行く?

(　　)(　　)(　　)(　　)(　　)(　　)?

1.party 2.Do 3.go 4.you 5.the 6.to

ううん、行かないよ。

(　　),(　　)(　　).

1.No 2.don't 3. I

【単語学習】

park
公園

cape
岬

解答 ①2-4-3-1-5/2-3-1-5-4 ②3-2-5-4-1/2-1 ③2-4-3-6-5-1/1-3-2

④ 昨日は何して楽しくすごしたの?

(　　　)(　　　)(　　　)(　　　)(　　　)?

1.yesterday　2.What　3.enjoy　4.did　5.you

釣りを楽しんだよ。

(　　　)(　　　)(　　　)(　　　).

1.fishing　2.yesterday　3.I　4.enjoyed

⑤ やりとりを楽しもうよ!

(　　　)(　　　)(　　　)!

1.enjoy　2.communications　3.Let's

そうだね。

(　　　),(　　　).

1.let's　2.Yes

⑥ 先週の日曜日、何をして楽しんだの?

(　　　)(　　　)(　　　)(　　　)(　　　)(　　　)?

1.last　2.did　3.enjoy　4.Sunday　5.you　6.What

ハイキングだよ。

(　　　)(　　　)(　　　)(　　　)(　　　).

1.enjoyed　2.last　3.I　4.Sunday　5.hiking

【単語学習】

fish
魚、釣り

communication
通信、連絡

hike
ハイキングをする

英語

解答　④2-4-5-3-1／3-4-1-2　⑤3-1-2／2-1　⑥6-2-5-3-1-4／3-1-5-2-4

【単語学習】

⑦ どうぞ、おはいりください。

(　　　)(　　　)(　　　).

1.in　2.Please　3.come

ありがとう！

(　　　)(　　　)!

1.you　2.Thank

⑧ 何人来るの？

(　　　)(　　　)(　　　)(　　　)(　　　)?

1.people　2.How　3.will　4.many　5.come

たぶん5人かな。

(　　　)(　　　)(　　　).

1.five　2.people　3.Maybe

⑨ 今日、ウチに来られる？

(　　　)(　　　)(　　　)(　　　)(　　　)(　　　)?

1.come　2.you　3.my　4.today　5.Can　6.home

もちろん、行けるよ！

(　　　)(　　　)!

1.course　2.Of

解答　⑦2-3-1／2-1　⑧2-4-1-3-5／3-1-2　⑨5-2-1-3-6-4／2-1

齋藤孝先生の解説

「キャップ(cap)」には元々、どんな意味があるんだろう？

英語

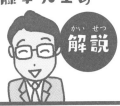

「cape」は岬。では「cap」にはどんな意味があるかわかるかな？ 「cap」といえば帽子だよね。そう、もともと「cap」は「頭」という意味があるんだ。だから、船の中で一番えらい人は船長**「captain」**（キャプテン）**」**というよね。首都のことは**「capital」**というんだよ。そう考えると、岬は半島の先端＝頭だから「cape」なんだね。

「communication」は連絡、通信という意味のほかに、「一緒に話すこと」という意味もあるよね。「コミュニケーションを大切に」「円滑なコミュニケーション」なんていうもんね。この「com」というのが「共に」という意味なんだ。組み合わせのことは**「combination」**、組み合わせることは**「combinate」**、**「combine」**は結合する、**「compress」**は圧縮する、**「compose」**は構成する、という意味だよ。音楽の作曲家は**「composer」**だから、曲を構成する人という意味なんだね。

(　　)月(　　)日

英語

07 動く言葉⑤

問題

次のカッコの中に数字を入れて英文を完成させよう。

① 窓を開ける？

(　　)(　　)(　　)(　　)(　　)?

1.the　2.window　3.you　4.Do　5.open

そうしよう。

(　　),(　　)(　　).

1. I　2.Yes　3.do

② このお店、何時に開店するの？

(　　)(　　)(　　)(　　)(　　)(　　)?

1.open　2.store　3.What　4.is　5.this　6.time

10時だよ。

(　　)(　　)(　　)(　　)(　　).

1.at　2.store　3.ten　4.opens　5.This

③ 手紙、開けていい？

(　　)(　　)(　　)(　　)(　　)?

1.letter　2.the　3.Can　4. I　5.open

いいよ。

(　　),(　　)(　　).

1.you　2.can　3.Yes

【単語学習】

window
窓

store
店

letter
手紙

解答　①4-3-5-1-2／2-1-3　②3-6-4-5-2-1／5-2-4-1-3　③3-4-5-2-1／3-1-2

④ 歌おうよ！
( ) ( ) ( ) ( )!
1.a 2.song 3.sing 4.Let's
そうだね、歌おう！
( ), ( ) ( ) ( )!
1.song 2.Yes 3.a 4.sing

⑤ 彼女、歌うまいね。
( ) ( ) ( ) ( )!
1.very 2.She 3.sings 4.well
コンテストの決勝戦に出るくらいなんだよ。
( ) ( ) ( ) ( ) ( ).
1.competition 2.the 3.finalist 4.is 5.She

⑥ 合唱隊で歌わない？
( ) ( ) ( ) ( ) ( )?
1.in 2.chorus 3.Do 4.sing 5.you
それいいね！
( ) ( ) ( )!
1.it 2.Let's 3.do

【単語学習】

song
歌

finalist
決勝進出者

chorus
合唱隊

英語

解答 ④4-3-1-2／2-4-3-1 ⑤2-3-1-4／5-4-2-1-3 ⑥3-5-4-1-2／2-3-1

⑦ 学校休み（がっこうやす）だって。

(　　　)(　　　)(　　　)(　　　).

1.closed　2.was　3.The　4.school

ええっ!?

(　　　)(　　　)(　　　)!

1.my　2.Oh　3.god

⑧ 窓（まど）は閉（し）めたよ。

(　　　)(　　　)(　　　)(　　　).

1.were　2.closed　3.windows　4.The

ありがとう！

(　　　)(　　　)!

1.you　2.Thank

⑨ あの店（みせ）は日曜日（にちようび）休（やす）みなの？

(　　)(　　)(　　)(　　)(　　)(　　)?

1.store　2.Is　3.close　4.Sunday　5.on　6.that

そうなんだよ。

(　　　),(　　　)(　　　).

1.is　2.that　3.Yes

【単語学習（たんごがくしゅう）】

解答（かいとう）　⑦3-4-2-1／2-1-3　⑧4-3-1-2／2-1　⑨2-6-1-3-5-4／3-2-1

齋藤孝先生の解説

映画の終わりにも出てくる「fin」の意味を知っているかな？

決勝出場者を「finalist」といったけど、頭につく「fin」は「終わり」という意味なんだ。（ちなみに「ist」は覚えているかな？　「～する人」だったね！）だから、**「finalist」**は「終わりに出る人」という意味で、「決勝出場者」なんだね。「fin」は「終わり」だけど、「終わりの～」というときは**「final」**だよ。「ファイナルアンサー」とか「ファイナルステージ」なんて、聞いたことあるかもしれないね。ゲームや試合の終わりは**「finish」**、音楽の最終楽章は**「finale」**、みんな「fin」がつくね。

「close」は「休み」「（窓を）閉める」という意味で出てきたけど、もともとの意味は「閉じる」なんだよ。だから閉店したお店には**「closed」**という看板がかかっていると思う。今度、見てみよう！　ほかに「close」の仲間には、「**enclose**（囲む、同封する）」、「**disclose**（暴露する、公表する）」、「**closing**（閉鎖、封鎖）」などがあるよ。

英語

(　　)月(　　)日

英語

08 be動詞

問題

次のカッコの中に数字を入れて英文を完成させよう。

① これは何？

(　　)(　　)(　　)?

1.this　2.What　3.is

ボクの財布だよ。

(　　)(　　)(　　)(　　).

1.wallet　2.my　3.This　4.is

② これはキミの制服？

(　　)(　　)(　　)(　　)?

1.your　2.this　3.uniform　4.Is

ちがうよ。

(　　),(　　)(　　)(　　).

1.not　2.No　3.is　4.this

③ お父さんは科学者なんだ。

(　　)(　　)(　　)(　　)(　　).

1.scientist　2.is　3.father　4.My　5.a

ウチのお父さんもだよ。

(　　)(　　),(　　).

1.too　2.My　3.father

【単語学習】

wallet
財布

uniform
制服

解答　①2-3-1／3-4-2-1　②4-2-1-3／2-4-3-1　③4-3-2-5-1／2-3-1

④ どこから来たの？
(　　　)(　　　)(　　　)(　　　)?
1.from　2.are　3.you　4.Where
カナダから。
(　　　)(　　　)(　　　)(　　　).
1.Canada　2. I　3.from　4.am

⑤ 何してるの？
(　　　)(　　　)(　　　)(　　　)!
1.are　2.doing　3.you　4.What
野球だよ。
(　　　)(　　　)(　　　).
1.play　2.We　3.baseball

⑥ あなたたちは友だち？
(　　　)(　　　)(　　　)?
1.friends　2.you　3.Are
そう、友だちだよ！
(　　　),(　　　)(　　　)(　　　)!
1.are　2.we　3.Yes　4.friends

【単語学習】

英語

解答 ④4-2-3-1／2-4-3-1　⑤4-1-3-2／2-1-3　⑥3-2-1／3-2-1-4

⑦ あなたはお医者(いしゃ)さんですか？

(　　　)(　　　)(　　　)(　　　).

1.a　2.doctor　3.Are　4.you

はい、そうです。

(　　　),(　　　)(　　　)!

1. I　2.Yes　3.am

⑧ ボクはバスケの選手(せんしゅ)なんだ。

(　　　)(　　　)(　　　)(　　　).

1.basketball　2.player　3.a　4.I'm

そうか、ボクはサッカー選手(せんしゅ)だよ。

(　　　),(　　　)(　　　)(　　　)(　　　)!

1.I'm　2.Oh　3.a　4.player　5.soccer

⑨ フランス出身(しゅっしん)？

(　　　)(　　　)(　　　)(　　　)?

1.you　2.Are　3.France　4.from

いや、イタリア出身(しゅっしん)だよ。

(　　　),(　　　)(　　　)(　　　).

1.from　2.I'm　3.No　4.Italy

【単語学習(たんごがくしゅう)】

basketball
バスケットボール

解答(かいとう)　⑦3-4-1-2／2-1-3　⑧4-3-1-2／2-1-3-5-4　⑨2-1-4-3／3-2-1-4

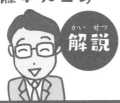

齋藤孝先生の解説

最近よく聞くようになった「エコ(eco)」の意味も知っておこう！

最近は「エコ」という言葉をよく聞くようになったよね。この「エコ」は「eco」と書いて、もともとは「環境」という意味。だから「環境学」のことを**「ecology」**といって、「エコロジーブーム」が起きているよね。**「ecological」**は「環境にやさしい」という意味だよ。**「economy」**は「経済、節約」という意味で、飛行機の座席にも「エコノミーシート」があるよね。これは「安い席」というより「節約している席」という意味合いだね。**「economic」**は「経済の」という意味だよ。

「uniform」は「制服、ユニフォーム」で、みんなで身につける服のことだね。「form」とは「形」という意味で、**「formal」**は「形が決まっている」という意味。「フォーマルスーツ」とか「投球フォーム」なんていうもんね。**「format」**は「型」のこと、**「formation」**は「形成」、**「inform」**は「知らせる」という意味だよ。

(　　)月(　　)日

英語

09 様子を表す言葉①

問題

次のカッコの中に数字を入れて英文を完成させよう。

① 1学期も今日で終わりだね。

(　　)(　　)(　　)(　　)(　　).

1.ends　2.term　3.The　4.today　5.first

うれしい！　夏休みだ！

(　　)(　　)(　　)!　(　　)(　　)!

1.happy　2.vacation　3.so　4.summer　5.I'm

② 幸せ？

(　　)(　　)(　　)?

1.happy　2.Are　3.you

うん、幸せだよ！

(　　),(　　)(　　).

1.Yes　2.am　3. I

③ お会いできてうれしいです。

(　　)(　　)(　　)(　　).

1.you　2.to　3.Nice　4.meet

私もお会いできて幸せです。

(　　)(　　)(　　)(　　)(　　).

1.to　2.meet　3.I'm　4.happy　5.you

【単語学習】

term
学期

summer vacation
夏休み

解答　①3-5-2-1-4／5-3-1-4-2　②2-3-1／1-3-2　③3-2-4-1／3-4-1-2-5

④ 親切(しんせつ)だね。
(　　　)(　　　)(　　　).
1.are　2.kind　3.You

ありがとう。
(　　　)(　　　).
1.you　2.Thank

⑤ 新(あたら)しい学校(がっこう)はどう？
(　　　)(　　　)(　　　)(　　　)?
1.new　2.is　3.school　4.How

みんな親切(しんせつ)だよ。
(　　　)(　　　)(　　　).
1.kind　2.Everyone　3.is

⑥ 親切(しんせつ)な手紙(てがみ)をありがとう。
(　　)(　　)(　　)(　　)(　　)(　　).
1.kind　2.letter　3.Thank　4.for　5.your　6.you

どういたしまして。
(　　　)(　　　)(　　　).
1.welcome　2.You　3.are

【単語学習(たんごがくしゅう)】

英語(えいご)

解答(かいとう)　④3-1-2／2-1　⑤4-2-1-3／2-3-1　⑥3-6-4-5-1-2／2-3-1

⑦ 疲れてる？

(　　　)(　　　)(　　　)?

1.tired　2.you　3.Are

そんなことないよ。

(　　　)(　　　)(　　　)(　　　).

1.am　2.No　3.not　4. I

⑧ テストで疲れたよ。

(　　　)(　　　)(　　　)(　　　)(　　　).

1.testing　2. I　3.tired　4.am　5.of

ボクも。

(　　　)(　　　)!

1.too　2.Me

⑨ 具合悪いの？

(　　　)(　　　)(　　　)?

1.you　2.Are　3.sick

ちょっと疲れただけ。

(　　　),(　　　)(　　　).

1.just　2.No　3.tired

【単語学習】

test
テスト、テストを受ける

sick
具合が悪い

解答　⑦3-2-1／2-4-1-3　⑧2-4-3-5-1／2-1　⑨2-1-3／2-1-3

齋藤孝先生の解説

「1学期」から「3学期」まで英語で言えるかな？

お客さーん起きてくださーい！
がが
terminal

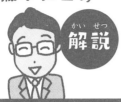

「1学期」は「the first term」、**「term（ターム）」**は「期間」という意味なんだ。だから「2学期」は**「the second term」**だね。

「term」は「期間」であり、ある一定の期間が終わった瞬間＝「終わり」という意味もあるんだよ。「終点」は**「terminal」**といって、「バスターミナル」「ターミナル駅」という言葉を聞いたことがあるかもしれない。「物事を終わらせる」ことは**「terminate」**といって、映画の「ターミネーター」はこの名詞形だね。**「exterminate」**は「絶滅させる」という意味になるよ。

「試験」は「test」、「競技」は**「contest」**というんだ。「証言する」は**「testify」**で、これも「test」がつくね。**「protest」**は抗議するという意味。キリスト教で、旧教徒のカトリックに対して新教徒はプロテスタントというよ。

（　　）月（　　）日

英語

10 様子を表す言葉②

問題

次のカッコの中に数字を入れて英文を完成させよう。

① お腹すいてる？
(　　　)(　　　)(　　　)?
1.you　2.hungry　3.Are
うん、すいてる！
(　　　), (　　　)(　　　)!
1. I　2.Yes　3.am

② お腹すいたなあ。
(　　　)(　　　)(　　　).
1.am　2.hungry　3. I
スーパーに行こうよ！
(　　　)(　　　)(　　　)(　　　)(　　　).
1.supermarket　2.go　3.the　4.Let's　5.to

③ どうしたの？
(　　　)(　　　)?
1.wrong　2.What's
お腹がすきすぎて…。
(　　　)(　　　)(　　　)……
1.hungry　2.I'm　3.too

【単語学習】
supermarket
スーパーマーケット

解答　①3-1-2／2-1-3　②3-1-2／4-2-5-3-1　③2-1／2-3-1

④ お父(とう)さんが新(あたら)しい車(くるま)を買(か)ったんだよ。
( )( )( )( )( ).
1.My 2.bought 3.new 4.automobile 5.father

それはよかったね！
( )( )!
1.nice 2.How

⑤ あの女性(じょせい)は誰(だれ)？
( )( )( )?
1.is 2.she 3.Who

新(あたら)しい先生(せんせい)だよ。
( )( )( )( )( ).
1.a 2.She 3.is 4.new 5.teacher

⑥ 新(あたら)しいバッグなんだ。
( )( )( )( )( ).
1.bag 2.new 3.This 4.is 5.a

ステキ！
( ),( )!
1.So 2.wonderful

【単語学習(たんごがくしゅう)】

automobile
車(くるま)

teacher
先生(せんせい)

wonderful
すばらしい

英語(えいご)

解答(かいとう) ④1-5-2-3-4／2-1 ⑤3-1-2／2-3-1-4-5 ⑥3-4-5-2-1／1-2

⑦ あの背の高い人は誰？

(　　　)(　　　)(　　　)(　　　)(　　　)?

1.Who　2.person　3.is　4.that　5.tall

ボクのお父さんだよ。

(　　　)(　　　)(　　　)(　　　).

1.my　2.He　3.father　4.is

⑧ 身長どのくらい？

(　　　)(　　　)(　　　)(　　　)?

1.are　2.tall　3.you　4.How

160㎝だよ。

(　　　)(　　　)(　　　).

1.centimeters　2.160　3.I'm

⑨ あの高いビルは何かな？

(　　　)(　　　)(　　　)(　　　)(　　　)?

1.is　2.What　3.tall　4.building　5.that

郵便局だよ。

(　　　)(　　　)(　　　)(　　　).

1.post　2.is　3.That　4.office

【単語学習】

building
建物

post office
郵便局

centimeter
センチメートル

解答 ⑦1-3-4-5-2／2-4-1-3　⑧4-2-1-3／3-2-1　⑨2-1-5-3-4／3-2-1-4

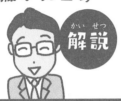

齋藤孝先生の解説

みんなもよく使う「スーパー(super)」の意味は実は……

キミが買い物に行く「supermarket」。この「super」には「上に」という意味があるんだ。電車でいうと、**「express」**は「急行」で、**「superexpress」**は「新幹線」だ! 超人的な力のあるヒーローは**「superman」**だね。「superb」はすばらしいという意味で、**「superficial」**は表面のという意味。どちらも「上に」というニュアンスがあるね。迷信のことは**「superstition」**というんだよ。

車は「car」ともいうけど、**「automobile」**ともいうんだ。この「auto」は「自分から」という意味だよ。だから「自動の〜」というときは**「automatic」**というんだ。「機械化」は**「automation」**だから、やっぱり「auto」がついてるね。

身長をはかるときは「centimeter」を使うことが多いんじゃないかな。「cent」には「100」という意味があって、1世紀は**「century」**、割合を示すときは**「percent」**というよね。

(　　)月(　　)日

英語

11 様子を表す言葉③

問題

次のカッコの中に数字を入れて英文を完成させよう。

①キミの弟、活発だね。
(　　)(　　)(　　)(　　).
1.Your　2.active　3.brother　4.is

そうなんだよ。
(　　)(　　)(　　).
1.is　2.That　3.right

②富士山って活火山？
(　　)(　　)(　　)(　　)(　　)?
1.Mt.Fuji　2.Is　3.a　4.volcano　5.active

そう、活火山だよ。
(　　),(　　)(　　).
1.is　2.Yes　3.Mr.Fuji

③アライグマって夜行性なんだって。
(　　)(　　)(　　)(　　)(　　).
1.at　2.are　3.Raccoons　4.active　5.night

初めて知ったよ。
(　　)(　　)(　　)(　　)(　　)(　　).
1.for　2.first　3.time　4.knew　5.the　6. I

【単語学習】

volcano
活火山

raccoon
アライグマ

解答　①1-3-4-2／2-1-3　②2-1-3-5-4／2-3-1　③3-2-4-1-5／6-4-1-5-2-3

④ 彼(かれ)は走(はし)るの速(はや)いんだよね。

(　　　)(　　　)(　　　)(　　　).

1.fast　2.run　3.can　4.He

歩(ある)くのも速(はや)いよ。

(　　　)(　　　)(　　　).

1.walks　2.He　3.fast

⑤ もう12時(じ)？

(　　　)(　　　)(　　　)?

1.already　2.12　3.o'clock

この時計(とけい)、10分(ぷん)進(すす)んでるんだ。

(　　)(　　)(　　)(　　)(　　)(　　).

1.is　2.fast　3.The　4.minutes　5.ten　6.clock

⑥ あれ何(なに)？

(　　　)(　　　)(　　　)?

1.that　2.What　3.is

高速道路(こうそくどうろ)だよ。

(　　　)(　　　)(　　　)(　　　)(　　　).

1.road　2.is　3.a　4.That　5.fast

【単語学習(たんごがくしゅう)】

英語(えいご)

解答(かいとう)　④4-3-2-1／2-1-3　⑤2-3-1／3-6-1-5-4-2　⑥2-3-1／4-2-3-5-1

⑦ このデザイン、どう？

(　　　)(　　　)(　　　)(　　　)?

1.design　2.about　3.this　4.How

こういうの、私(わたし)好(す)き！

(　　　)(　　　)(　　　)(　　　)!

1.It　2.design　3.favorite　4.is

⑧ 好(す)きな色(いろ)は？

(　　　)(　　　)(　　　)(　　　)(　　　)?

1.color　2.is　3.What　4.your　5.favorite

赤(あか)かな。

(　　　)(　　　)(　　　)(　　　)(　　　).

1.is　2.red　3.My　4.favorite　5.color

⑨ 彼(かれ)の好(す)きな映画(えいが)は？

(　　　)(　　　)(　　　)(　　　)(　　　)?

1.favorite　2.his　3.movie　4.What　5.is

「ゴジラ」だよ。

(　　　)(　　　)(　　　)(　　　)(　　　).

1."Godzilla"　2.is　3.movie　4.His　5.favorite

【単語学習(たんごがくしゅう)】

color
色(いろ)

movie
映画(えいが)

解答(かいとう)　⑦4-2-3-1／1-4-3-2　⑧3-1-2-4-5／3-4-5-1-2　⑨4-5-2-1-3／4-5-3-2-1

齋藤孝先生の解説

「アクションスター」と「リアクション芸人」は仲間!?

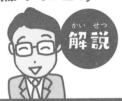

「active」は「行動的な」という意味で、「act」は「行動する」という意味だよ。「行動」は**「action」**で、映画などで「アクションスター」という言葉を聞いたことがあるかもね。**「actual」**は現実のという意味で、**「transact」**は取引するという意味だよ。

「反応する」は「react」で、「反応」は**「reaction」**。すぐに面白いことを言ったりやったりして反応する芸人さんを「リアクション芸人」なんていうけど、この「act」からきているんだね。

デザインは「design」で、この中の**「sign」**には「しるし」という意味があるんだ。だから「意味する」は**「signify（シグニファイ）」**、「重要な」は**「significant（シグニフィカント）」**。何かを割り当てることは**「assign（アサイン）」**というんだけど、ここにも「sign」が入っているね。あと、「やめる」という意味の**「resign」**にも「sign」があるね。

(　　)月(　　)日

英語

12 様子を表す言葉④

問題

次のカッコの中に数字を入れて英文を完成させよう。

① うまく歌える？

(　　)(　　)(　　)(　　)?

1.well　2.you　3.Can　4.sing

ぜんぜん。

(　　),(　　)(　　).

1.can't　2. I　3.No

② 元気そうだね。

(　　)(　　)(　　).

1.fine　2.look　3.You

昨日よく寝たからね。

(　　)(　　)(　　)(　　)(　　).

1. I　2.last　3.well　4.night　5.slept

③ 彼女は何が得意なの？

(　　)(　　)(　　)(　　)(　　)?

1.good　2.she　3.is　4.What　5.at

フランス語が上手だよ。

(　　)(　　)(　　)(　　)(　　)(　　)(　　).

1.speaking　2.good　3.French　4.is　5.She　6.at　7.well

【単語学習】

fine
元気

last night
昨晩

解答　①3-2-4-1／3-2-1　②3-2-1／1-5-3-2-4　③4-3-2-1-5／5-4-2-6-1-3-7

④ どうして勉強しなくてはならないんですか？
(　　)(　　)(　　)(　　)(　　)(　　)?
1.study　2.have　3.Why　4. I　5.do　6.to

いい質問ですね。
(　　)(　　)(　　)(　　)(　　).
1.a　2.question　3.is　4.good　5.It

⑤ いい発表だったよ。
(　　)(　　)(　　)(　　)(　　).
1.was　2.presentation　3.It　4.a　5.good

ありがとうございます。
(　　)(　　)(　　)(　　).
1.very　2.Thank　3.much　4.you

⑥ 明日、一緒に勉強しようよ！
(　　)(　　)(　　)(　　)!
1.together　2.tomorrow　3.study　4.Let's

それはいいね。
(　　)(　　)(　　)(　　).
1.That's　2.idea　3.good　4.a

【単語学習】

question
質問

presentation
発表

英語

解答 ④3-5-4-2-6-1／5-3-1-4-2　⑤3-1-4-5-2／2-4-1-3　⑥4-3-1-2／1-4-3-2

⑦ なんて大きいカタログなの！
(　　　)(　　　)(　　　)(　　　)!
1.big　2.What　3.catalogue　4.a
これテレビのカタログなんだ。
(　　　)(　　　)(　　　)(　　　).
1.catalogue　2.is　3.This　4.TV

⑧ 大きい机がほしいな。
(　　　)(　　　)(　　　)(　　　).
1.big　2. I　3.desk　4.want　5.a
私も。
(　　　)(　　　).
1.too　2.Me

⑨ お久しぶりです。
(　　　)(　　　)(　　　)(　　　).
1.no　2.time　3.Long　4.see
大きくなったね。
(　　　)(　　　)(　　　)(　　　).
1.all　2.up　3.grown　4.You're

【単語学習】
catalogue
カタログ

解答 ⑦2-4-1-3／3-2-4-1　⑧2-4-5-1-3／2-1　⑨3-2-1-4／4-1-3-2

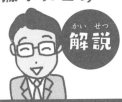

齋藤孝先生の解説　ゲームで有名になった「クエスト(quest)」ってどんな意味？

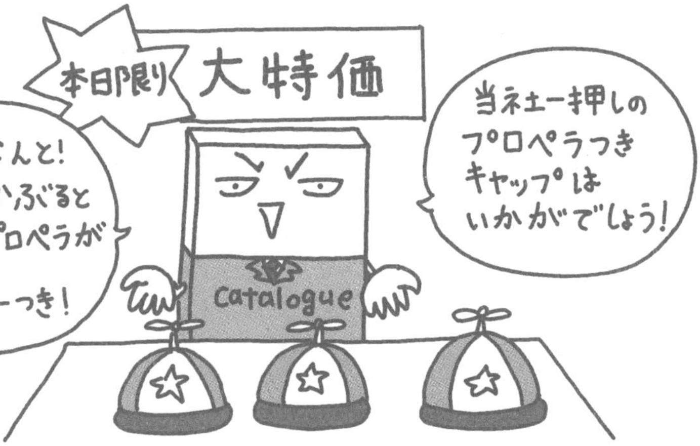
本日限り
大特価
今ならなんと!
帽子をかぶると
自動でプロペラが
まわる
センサーつき!
当社一押しの
プロペラつき
キャップは
いかがでしょう!
Catalogue

「question」は「質問」だね。「？(疑問符)」のことは**「question mark」**というよ。「quest」には「さがす」という意味があるんだけど、ゲームの名前とかでなじみがあるかな!?

「(何かを)頼む」ことを**「request」**というんだけど、ここにも「quest」がついている理由は、言葉の意味からなんとなくイメージできるかな？「征服」は**「conquest**（コンフェスト）**」**といって、ここにも「quest」があるよ。

商品についての説明が書いてある「カタログ」は「catalogue」。「logue」には「話すこと」という意味があるんだ。カタログは、商品について話すように書かれているもんね。

「一人芝居」は**「monologue**（モノローグ）**」**、「人と対話する」のは**「dialogue**（ダイアローグ）**」**というんだよ。また、本などの「序章」は**「prologue**（プロローグ）**」**、「終章」は**「epilogue**（エピローグ）**」**。はじめと終わりに話すこと、というイメージなんだね。

(　　)月(　　)日

英語

13 様子を表す言葉⑤

問題

次のカッコの中に数字を入れて英文を完成させよう。

① このサラダ、どう？
(　　)(　　)(　　)(　　)?
1.this　2.about　3.salad　4.How

おいしいよ！
(　　)(　　)(　　)!
1.is　2.It　3.delicious

② おいしいものが食べたいなあ。
(　　)(　　)(　　)(　　)(　　)(　　).
1.to　2.I　3.food　4.want　5.delicious　6.eat

ようし、作ろう！
(　　)(　　)!
1.cook　2.Let's

③ 夕飯、おいしかったなあ。
(　　)(　　)(　　)(　　).
1.dinner　2.was　3.The　4.delicious

お腹いっぱいだよ。
(　　)(　　)(　　).
1.full　2.I　3.am

【単語学習】

salad
サラダ

dinner
夕飯

full
満たされた

解答　①4-2-1-3／2-1-3　②2-4-1-6-5-3／2-1　③3-1-2-4／2-3-1

④ どこ行くの？

(　　　)(　　　)(　　　)(　　　)?

1.do　2.you　3.go　4.Where

国際空港だよ。

(　　　)(　　　)(　　　)(　　　)(　　　)(　　　).

1.the　2.international　3. I　4.airport　5.go　6.to

⑤ ボク、インターナショナルスクールに行ってるんだ。

(　　　)(　　　)(　　　)(　　　)(　　　)(　　　).

1.school　2.to　3.the　4. I　5.go　6.International

楽しそうだね。

(　　　)(　　　)(　　　).

1.look　2.You　3.happy

⑥ 彼は誰？

(　　　)(　　　)(　　　)?

1.Who　2.he　3.is

留学生だよ。

(　　　)(　　　)(　　　)(　　　)(　　　).

1.international　2.an　3.is　4.He　5.student

【単語学習】

airport
空港

解答　④4-1-2-3／3-5-6-1-2-4　⑤4-5-2-3-6-1／2-1-3　⑥1-3-2／4-3-2-1-5

⑦ 携帯(けいたい)トイレがあるといいね。

(　　　)(　　　)(　　　)(　　　)(　　　)!

1.a　2.portable　3.We　4.need　5.toilet

そうだね、おばあちゃんのためにね。

(　　　),(　　　)(　　　).

1.for　2.Yeah　3.grandmother

⑧ 何(なに)がほしい？

(　　　)(　　　)(　　　)(　　　).

1.do　2.want　3.you　4.What

携帯(けいたい)テレビがほしいな。

(　　　)(　　　)(　　　)(　　　)(　　　).

1.television　2.a　3.portable　4.want　5. I

⑨ これ何(なに)？

(　　　)(　　　)(　　　)?

1.What　2.this　3.is

これはポータブルプレイヤーだよ。

(　　　)(　　　)(　　　)(　　　)(　　　)(　　　).

1.is　2.player　3.a　4.portable　5.This　6.audio

【単語学習(たんごがくしゅう)】

portable
携帯(けいたい)

grandmother
祖母(そぼ)

television
テレビ

解答(かいとう)　⑦3-4-1-2-5／2-1-3　⑧4-1-3-2／5-4-2-3-1　⑨1-3-2／5-1-3-4-6-2

齋藤孝先生の解説

高速道路にある「インター(inter)」も英語からきているよ

「international」は「国際的な」という意味で、「inter」には「間の」という意味があるんだよ。国と国の間に関係のあることを「国際的」というからだね。

「介入」は**「intervention(インターベンション)」**、「交換する」は**「interchange」**、「通訳する」は**「interpret(インターセプト)」**。どれも「inter＝間の」というイメージを持ってみると、つながって見えるね。また、「さえぎる」は**「intercept」**、「さまたげる」は**「interfere(インターフェア)」**だよ。

「portable」は「携帯できる、持ち運べる」という意味で、後ろにつく「able」に「～できる」という意味があるんだよ。「動かせる」は**「movable」**、「持続可能な」は**「sustainable」**というよ。**「reasonable」**は合理的なという意味で、「このバッグはリーズナブルだ(手ごろな価格)」と言ったりするよね。また、「逆にできる」は**「reversible」**といって、裏も表も着られる服を「リバーシブルなシャツ」というよね。

英語

14 世界の首都

問題

次の①～⑮の国の首都を選んで線で結ぼう。

①	アメリカ合衆国 The United States of America	ア Paris
②	イギリス The United Kingdom	イ Beijing
③	フランス France	ウ Washington D.C.
④	中国 China	エ Seoul
⑤	韓国 South Korea	オ London

【メモ】

①ワシントンD.C.。初代大統領ジョージ・ワシントンを記念して作られた都市。正式にはコロンビア特別地区というよ。

②ロンドン。劇作家・シェークスピアの故郷。濃霧に包まれる日が多かったことから「霧の都」と呼ばれたよ。

③パリ。世界最大級のルーブル美術館があり、プルーストの超長編小説『失われた時を求めて』の舞台でもあるよ。

④北京。北京にある石造りのアーチ状の橋「盧溝橋」は、マルコ・ポーロが『東方見聞録』で紹介したよ。

⑤ソウル。韓国では「ハングル」という固有の文字が使われている。

解答 ①ウ ②オ ③ア ④イ ⑤エ

⑥【 インド India 】● ● カ Madrid

⑦【 スペイン Spain 】● ● キ Ottawa

⑧【 メキシコ Mexico 】● ● ク Brasilia

⑨【 カナダ Canada 】● ● ケ Mexico City

⑩【 ブラジル Brazil 】● ● コ Delhi

【メモ】

⑥デリー。インドは国民の約8割がヒンズー教徒。数学教育に熱心で、インド人は世界のIT企業で活躍！

⑦マドリッド。そこにあるプラド美術館には、スペインを代表する宮廷画家ゴヤ、ベラスケスの作品があるよ。

⑧メキシコシティ。「死者の日」は、亡くなった人の話をしたり、町にマリーゴールドを飾ったりする明るいお祭りだよ。

⑨オタワ。1857年、イギリスのビクトリア女王が首都に定めたよ。『赤毛のアン』の舞台はカナダの島だよ。

⑩ブラジリア。未来都市のようなブラジリアは、都市自体が世界文化遺産に登録されているよ。

解答 ⑥コ ⑦カ ⑧ケ ⑨キ ⑩ク

⑪ オーストラリア Australia	・ ・	㋚ Bangkok
⑫ ロシア Russia	・ ・	㋛ Rome
⑬ イタリア Italy	・ ・	㋜ Canberra
⑭ 南アフリカ South Africa	・ ・	㋝ Moscow
⑮ タイ Thailand	・ ・	㋞ Pretoria

【メモ】

⑪キャンベラ。キャンベラは、もともと都市だったわけではなく、人工的に作られた都市なんだよ。

⑫モスクワ。世界で一番広い国、国内での時差は最大10時間！　天然資源が豊富だよ。

⑬ローマ。イタリアの詩人ダンテの『神曲』は、若くして亡くなった恋人への愛や社会批判を書いた長編叙事詩。

⑭プレトリア。プレトリアは行政を行う首都、立法はケープタウン、司法はブルームフォンテインという都市だよ。

⑮バンコク。バンコクの正式名称はすごく長い。外国人は「バンコク」、タイ人は「クルンテープ」と呼ぶよ。

解答　⑪ス　⑫セ　⑬シ　⑭ソ　⑮サ

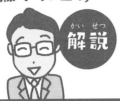

齋藤孝先生の

解説

チューリップが有名なオランダの首都を知っているかな？

首都名は、国名と同じところもたくさんあるよ。ここでは、国名とちがう首都名をもっと紹介していこう。興味のある国については、自分でどんどん調べてみよう！

まずはアジアから。相撲がさかんな「モンゴル　Mongolia」は「ウランバートル　Ulan Bator」、“世界一幸せな国”と言われる「ブータン　Bhutan」は「ティンプー　Thimphu」、世界遺産となった「アンコール遺跡群」のある「カンボジア　Cambodia」は「プノンペン　Phnom Penh」だよ。

ヨーロッパでは、「オランダ　Netherlands」の首都が「アムステルダム　Amsterdam」、「ベルギー　Belgium」が「ブリュッセル　Brussels」。日本でも雑貨や食べ物が人気の北欧では、「デンマーク　Denmark」が「コペンハーゲン　Copenhagen」、「ノルウェー　Norway」が「オスロ　Oslo」、「フィンランド　Finland」が「ヘルシンキ　Helsinki」だよ。

(　　)月(　　)日

英語

15 施設の名称

問題

次の①～⑮の施設の英語を選んで線で結ぼう。

①〔 郵便局 〕	・	・ ア bookstore
②〔 銀行 〕	・	・ イ police
③〔 書店 〕	・	・ ウ bank
④〔 学校 〕	・	・ エ post office
⑤〔 警察 〕	・	・ オ school

 解答 ①エ ②ウ ③ア ④オ ⑤イ

⑥〔 喫茶店(きっさてん) 〕	・	・ カ library
⑦〔ファミリーレストラン〕	・	・ キ welfare facility
⑧〔 病院(びょういん) 〕	・	・ ク bus stop
⑨〔 美容院(びよういん) 〕	・	・ ケ community center
⑩〔 図書館(としょかん) 〕	・	・ コ hospital
⑪〔 幼稚園(ようちえん) 〕	・	・ サ station
⑫〔 福祉施設(ふくししせつ) 〕	・	・ シ family restaurant
⑬〔 公民館(こうみんかん) 〕	・	・ ス kindergarten
⑭〔 バス停(てい) 〕	・	・ セ coffee shop
⑮〔 駅(えき) 〕	・	・ ソ beauty salon

英語(えいご)

解答(かいとう) ⑥セ ⑦シ ⑧コ ⑨ソ ⑩カ ⑪ス ⑫キ ⑬ケ ⑭ク ⑮サ

(　　)月(　　)日

英語

16 色々な職業

問題

次の①～㉔の職業の英語を選んで線で結ぼう。

①〔学校の先生〕	ア interpreter
②〔医者〕	イ policeman
③〔看護師〕	ウ inventor
④〔警察官〕	エ teacher
⑤〔消防士〕	オ doctor
⑥〔パイロット〕	カ nurse
⑦〔通訳〕	キ pilot
⑧〔発明家〕	ク fireman

解答 ①エ ②オ ③カ ④イ ⑤ク ⑥キ ⑦ア ⑧ウ

⑨〔　保育士　〕・　　・ケ scientist

⑩〔　建築家　〕・　　・コ spaceman

⑪〔　美容師　〕・　　・サ architect

⑫〔　政治家　〕・　　・シ care worker

⑬〔　銀行員　〕・　　・ス nursery teacher

⑭〔介護福祉士〕・　　・セ bank clerk

⑮〔宇宙飛行士〕・　　・ソ hairdresser

⑯〔　科学者　〕・　　・タ statesman

英語

解答　⑨ス　⑩サ　⑪ソ　⑫タ　⑬セ　⑭シ　⑮コ　⑯ケ

⑰	〔 学芸員（がくげいいん） 〕	チ prosecutor
⑱	〔 気象予報士（きしょうよほうし） 〕	ツ judge
⑲	〔 検察官（けんさつかん） 〕	テ priest
⑳	〔 裁判官（さいばんかん） 〕	ト veterinarian
㉑	〔 経営者（けいえいしゃ） 〕	ナ curator
㉒	〔 弁護士（べんごし） 〕	ニ weather forecaster
㉓	〔 獣医師（じゅういし） 〕	ヌ solicitor
㉔	〔 僧侶（そうりょ） 〕	ネ manager

解答（かいとう） ⑰ナ ⑱ニ ⑲チ ⑳ツ ㉑ネ ㉒ヌ ㉓ト ㉔テ

齋藤孝先生の

自分が将来なりたい職業を英語で言えるかな？

これからは外国の人と一緒に仕事をすることも多くなるね。だから、職業についても英語名を知っておいた方がいいよ。

医療の分野は専門的な仕事がいくつもあって、救急救命士は「emergency medical technician」というんだ。小児科医は「pediatrician」、産婦人科医は「obstetrcian and gynecologist」、助産師は「midwife」。歯科医師は「dentist」、歯科衛生士は「dental hygienist」、歯科技工士は「dental technician」だよ。

日本ならではの職業では、将棋の棋士は「shogi player」、囲碁の棋士は「go player」、ちょっと変わったところでいうと、演歌歌手は「singer of Japanese melodramatic songs」。

国会議員は「member of the Diet」、官僚は「bureaucrat」、外交官は「diplomat」だよ。

会社に勤めず自分で仕事をする自営業は、「独立した」という意味の「independent」だね。

おわりに

一冊全部をやりきったキミ、まずはおめでとう！　5教科全部をがんばったことで、しっかり「知識力」がついたね。

大人になって仕事をするときや家庭生活をするときには、これらの勉強がすべて役に立つよ。

外国の人と一緒に仕事をするときには英語が欠かせないし、社会の発展には科学技術が大きく関わっているから、理科の知識が必要だね。

お金の管理をする上では算数の考え方が必要だし、日本だけでなく世界で起こっていることを知るためには社会の知識が元になる。

そしてもちろん、自分の思いを伝えたり誰かとわかりあったりするためには、国語の力もなくてはならないよね。

つまり、キミが大人になったときには、これらの勉強がすべて組み合わさって必要になるんだよ。

今は教科ごと、単元ごとに分けて勉強しているけれど、大人になったら、こうして勉強して得た知識をベースに、解決すべき「課題」にいどんでいくんだ。

「課題」とは、テストに出てくる「問題」とは違うね。

テストの「問題」には「答え」があるけど、「課題」には「正しい答え」はない。「問題」は「解くもの」だけど、「課題」は「解決するもの」なんだ。

では、どうしたら課題を解決できるか。

そのためには、勉強で得た知識を「種」にしてひっしに考え、アイデアを芽吹かせて花を咲かせることが大事なんだよ。

この本で「知識力」が身についたキミの中には、その「種」ができたことになる。小学校の勉強には、「種」作りのための基礎的なことが詰まっているからね。

できた「種」をどう芽吹かせるか、どんな花を咲かせるかは、これからのキミしだい。キミらしい、ステキな花を咲かせよう！

参考書籍

『最強の国語力（小学4年以上）』　齋藤孝（著）　旺文社
『最強の国語力（小学5年以上）』　齋藤孝（著）　旺文社
『最強の国語力（小学6年以上）』　齋藤孝（著）　旺文社
『最強の算数力（小学4年以上）』　齋藤孝（著）　旺文社
『最強の算数力（小学5年以上）』　齋藤孝（著）　旺文社
『最強の算数力（小学6年以上）』　齋藤孝（著）　旺文社

『これでカンペキ！マンガでおぼえる英単語』　齋藤孝（著）　岩崎書店
『これでカンペキ！マンガでおぼえる百人一首』　齋藤孝（著）　岩崎書店

『小6／全科の復習テスト』　小学教育研究会（編）　増進堂・受験研究社
『小6／全科の要点100％』　小学教育研究会（編）　増進堂・受験研究社
『小5／全科の要点100％』　小学教育研究会（編）　増進堂・受験研究社
『小4／全科の要点100％』　小学教育研究会（編）　増進堂・受験研究社
『中学入学準備　小学の総復習全科　英語つき』　学研教育出版（編）　学研プラス

ブックデザイン　：菊池祐
イラスト　　　　：さち
編集協力　　　　：佐藤恵
ＤＴＰ　　　　　：有限会社エヴリ・シンク

齋藤孝（さいとう・たかし）

1960年静岡県生まれ。明治大学文学部教授。
専門は教育学、身体論、コミュニケーション論。
著書に『呼吸入門』『上機嫌の作法』『三色ボールペン情報活用術』『語彙力こそが教養である』（以上、角川新書）、『声に出して読みたい日本語』（草思社）、『雑談力が上がる話し方』（ダイヤモンド社）など多数。
本書シリーズに『小学3年生から始める！こども語彙力1200』ほか、『自分で決められる人になる！　超訳こども「アドラーの言葉」』『絶対に負けない強い心を手に入れる！　超訳こども「ニーチェの言葉」』『無限の可能性を引き出す！　超訳こども「アインシュタインの言葉」』（以上、KADOKAWA）がある。
NHK Eテレ「にほんごであそぼ」総合指導。

小学3年生から始める！こども知識力1200
学習意欲が育ち、5教科に自信がつく

2021年2月18日　初版発行

著者／齋藤 孝

発行者／青柳 昌行

発行／株式会社KADOKAWA
〒102-8177　東京都千代田区富士見2-13-3
電話　0570-002-301（ナビダイヤル）

印刷所／大日本印刷株式会社

●お問い合わせ
https://www.kadokawa.co.jp/（「お問い合わせ」へお進みください）
※内容によっては、お答えできない場合があります。
※サポートは日本国内のみとさせていただきます。
※Japanese text only

定価はカバーに表示してあります。

ISBN 978 4 04 604731 1　C6081